Patrick Koehler

L'Eglise, hôpital de campagne

Éditions de la Licorne

Dame gendarme

17 mars 2020, je reviens de l'enterrement de Gérard. Sortant de Wattwiller où seule la célébration au cimetière était permise pour son adieu, j'ai quitté la petite ville la mort dans l'âme. La dépouille de Gérard n'avait pas pu passer par l'église où il aimait rencontrer son Seigneur et son Dieu. Je vivais mal cette dictature sanitaire ; elle fermait les portes de la maison de Dieu aux enfants de Dieu… Arrivé au rond-point, les gendarmes m'arrêtent pour vérifier mon laissez-passer. Quelques centaines de mètres plus loin, deuxième contrôle suivi d'un troisième et d'un quatrième à l'entrée de Mulhouse. Là une femme gendarme, repérant l'aube posée sur le siège, fixa sur moi son regard pétillant et terne à la fois :

– Vous êtes prêtre ?

– Oui Madame, je reviens d'un enterrement.

– Ça doit être difficile pour vous de voir tant de tristesse…

– Ça fait partie de ma mission.

– Je le sais. J'ai perdu mon grand-père la semaine dernière. Avec ma grand-mère, ils m'ont élevée. Je leur dois tant. Je n'oublierai jamais ce qu'ils ont fait pour moi.

– Et qu'ont-ils fait ?

– Ils m'ont aimée, monsieur l'abbé ! Ils m'ont aimée.

Je devine qu'ils avaient tout donné à ma dame gendarme. « Aimer, c'est tout donner et se donner soi-même » résumait Thérèse de l'Enfant-Jésus.

Je lui souhaite bon courage dans ce travail ingrat de contrôle qu'elle accomplit avec ses collègues.

– Il m'en faut, monsieur l'abbé ! Mais il vous en faudra bien davantage. Je crains que vous ne passiez votre temps en enterrements dans les semaines à venir. Ce sera dur pour tout le monde… pour vous, pour les familles, pour les pauvres.

Et pour finir :

– Merci de prier pour les gendarmes et leurs familles. Nous avons tous peur !

Peur sur la ville

Oui, la peur plane sur Mulhouse : la mort et la vie se livrent un combat sans merci en ville depuis le jour où une contamination massive, imputée à une assemblée liturgique évangélique, a frappé soudain de sa malédiction. Certes, les membres de cette assemblée de louange furent un facteur malencontreux de la dissémination du virus chez nous et jusqu'en différents lieux de notre monde globalisé. Ils ont propulsé bien malgré eux et à leurs dépens Mulhouse dans le réseau de l'information mondiale. Les journalistes ont découvert le nom de notre cité. Celle qui était une terre de rencontres entre gens de toutes les cultures tissées par l'histoire des races qui font la richesse de l'humanité, cette « cité aux cent cheminées » dont parlait Jean-Paul II lors de la visite pastorale en 1988, est devenue l'objet de toutes les attentions inquiètes, voire accusatrices.

Combien ai-je reçu d'appels téléphoniques, de sms, de mails au début de cette période dramatique ? Tant de familles furent bouleversées par la mort et secouées par la maladie… Mais il y a eu une mobilisation des forces physiques et de l'esprit pour entourer les habitants de Mulhouse, la ville dont je suis curé, et les soutenir. Cette épreuve commune à l'univers entier, les Mulhousiens en devenaient le symbole. Le vrombissement des avions et les sirènes des ambulances déchiraient « le ciel bas et lourd qui pesait comme un couvercle sur l'esprit ». (Baudelaire) Ces éléments sonores inhabituels mais incessants rendirent plus funèbre encore l'ambiance de désolation de ces jours où la Covid s'installa progressivement dans le quotidien des gens. L'angoisse et la crainte suscitées par une situation inattendue plombaient leur moral. Chez un certain nombre d'entre eux, l'esprit de révolte et d'incompréhension perçait...

Pour les Mulhousiens de moins de 80 ans, c'était du jamais vu !

Un air de déjà vu

Curé de la paroisse Saint-Étienne de Mulhouse, je communie aux peines et à l'angoisse des gens. Mais bizarrement, je ne suis pas contaminé par leur peur… Est-ce un effet de la Grâce ? Évidemment. Est-ce le fruit de l'expérience vécue ? Enfant et adolescent, j'ai fait l'expérience d'une maladie contagieuse : la tuberculose. Mon frère et ma sœur avaient été effleurés par le bacille de Koch mais moi seul avais été foudroyé par ses effets. Préventorium et sanatorium furent l'univers qui m'a plongé dans ce milieu de souffrances où la nostalgie m'arrachait des larmes de crocodile lorsque touchaient à leur fin les visites de mes parents et grands-parents.

À Riespach où j'ai passé une partie de ma jeunesse, une chapelle à la porte toujours ouverte m'aimantait. Je traversais la route du camp de concentration sanitaire. Dans la tranquille maison de Dieu, je trouvais le réconfort en fixant simplement le tabernacle et la statue de la Vierge Marie.

À Carqueiranne, ce fut différent. Si l'ambiance entretenue par l'infirmière cheffe était rude, exigeante, plus proche de la colonie pénitentiaire que de la colonie de vacances, la venue occasionnelle d'un vieux prêtre en soutane me fournissait une salutaire respiration. Il nous faisait pénétrer le cœur de Dieu par la vie des saints : il projetait des films dont ses doigts déroulaient les scènes ; il était à lui seul une lampe qui brillait dans l'obscurité d'une violence sanitaire tissée par des méthodes austères et surtout par la séparation d'avec les miens. Je me vois assis sur un banc avec Claude, originaire de Roanne, en train de chanter des cantiques à Notre-Dame. Époque difficile et presque inhumaine ! Mais elle m'a donné de comprendre ce qui se passait lorsque la maladie par contagion jetait son voile sinistre sur l'humanité.

L'Église, hôpital de campagne

Aussi, dès les premiers instants où l'urgence sanitaire est proclamée, où pleuvent les directives ministérielles et les consignes épiscopales, j'estime qu'il est de mon devoir d'entrer dans le combat de Jésus contre la maladie mais surtout contre la peur qui détruit la joie de communion des fidèles. Je cherche par tous les moyens à éviter que d'autres soient terrassés par un mal plus terrible que le virus de la Covid : la solitude et le sentiment d'abandon. Je me souviens de la volonté du pape que l'Église devienne un hôpital de campagne. Je me sens l'âme d'en être l'aumônier. Je ne me lasse pas de relire cet entretien que le pape François avait accordé au père Spadaro en décembre

2013. Ses paroles sont une feuille de route prophétique en temps de crise :

> *« Je vois avec clarté que la chose dont a le plus besoin l'Église, c'est la capacité de soigner les blessures et de réchauffer le cœur des fidèles, la proximité, la convivialité. Je vois l'Église comme un hôpital de campagne après une bataille. Il est inutile de demander à un blessé grave s'il a du cholestérol ou si son taux de sucre est trop haut ! Nous devons soigner les blessures. Ensuite nous pourrons aborder le reste. Soigner les blessures, soigner les blessures... Il faut commencer par le bas.*
>
> *L'Église s'est parfois laissé enfermer dans des petites choses, de petits préceptes. Le plus important est la première annonce : « Jésus-Christ t'a sauvé ! » Les ministres de l'Église doivent être avant tout des ministres de miséricorde. Le confesseur, par exemple, court toujours le risque d'être soit trop rigide, soit trop laxiste.*

Aucune des deux attitudes n'est miséricordieuse, parce qu'aucune ne fait vraiment cas de la personne. Le rigoureux s'en lave les mains parce qu'il s'en remet aux commandements. Le laxiste s'en lave les mains en disant simplement « cela n'est pas un péché » ou d'autres choses du même genre. Les personnes doivent être accompagnées et soignées.

Comment traitons-nous le peuple de Dieu ? Je rêve d'une Église mère et pasteur. Les ministres de l'Église doivent être miséricordieux, prendre soin des personnes, les accompagner comme le bon Samaritain qui lave et relève son prochain. C'est l'Évangile à l'état pur. Dieu est plus grand que le péché. Les réformes structurelles ou organisationnelles sont secondaires, c'est-à-dire qu'elles viennent dans un deuxième temps. La première réforme doit être celle de la manière d'être. Les ministres de l'Évangile doivent être des gens capables de réchauffer le cœur des personnes, de dialoguer et de cheminer avec elles, de descendre dans leur nuit, dans leur obscurité, sans se perdre. Le peuple de Dieu veut des pasteurs et pas des fonctionnaires ou des clercs d'État. [...]

Au lieu d'être seulement une Église qui accueille et qui reçoit en tenant les portes ouvertes, efforçons-nous d'être une Église qui trouve de nouvelles routes, qui est capable de sortir d'elle-même et d'aller vers celui qui ne la fréquente pas, qui s'en est allé ou qui est indifférent. Parfois, celui qui s'en est allé l'a fait pour des raisons qui, bien comprises et évaluées, peuvent le conduire à revenir. Mais il faut de l'audace, du courage... »

On sent ces lignes rédigées par l'amour pour l'Église de notre temps. Elles ont pénétré ma pensée déjà habitée par une prière médiévale d'un prêtre anonyme, trouvée à Salzbourg (Autriche). On les proclamait lors des ordinations sacerdotales célébrées en la cathédrale de Strasbourg alors que j'étais séminariste. Obsédé par l'idéal de vie à atteindre, je rêve de les réaliser mais je suis suffisamment lucide pour reconnaitre que ce portrait du prêtre est bien différent de ma manière d'être au quotidien…

« Un prêtre doit être à la fois grand et petit,
noble d'esprit, comme de sang royal,
simple et naturel, comme de souche paysanne,
un héros dans la conquête de soi,
un homme qui s'est battu avec Dieu,
une source de sanctification,
un pécheur que Dieu a pardonné de ses désirs de maître,
un serviteur pour les timides et les faibles,
qui ne s'abaisse pas devant les puissants
mais se courbe devant les pauvres (…).
Une mère pour réconforter les malades

avec la sagesse de l'âge et la confiance d'un enfant tendu vers le Haut, les pieds sur terre,
fait pour la joie, connaissant la souffrance,
loin de toute envie, clairvoyant, parlant avec franchise,
un ami de la paix, un ennemi de l'inertie,
constant à jamais... Si différent de moi ! »

Comme à la guerre

Plongé dans cet état de guerre, comme le proclamait le Président de la République lors de son allocution télévisée du 16 mars 2020, j'entends résonner ses paroles jusque sous les voûtes de l'église Saint-Étienne : « Nous sommes en guerre, en guerre sanitaire, certes : nous ne luttons ni contre une armée, ni contre une autre nation. Mais l'ennemi est là, invisible, insaisissable, qui progresse. Et cette menace requiert notre mobilisation générale. »

Le Président pose des règles nouvelles, des interdits. Il appelle au sens des responsabilités et de la solidarité. Il demande à chacun de rester chez soi et de limiter les contacts. Un nouveau monde est en gestation : dicté par des règles sanitaires, il va détruire des relations et plonger dans une solitude terrible les mourants et les plus vulnérables, et dans la culpabilité taraudante ceux qui n'ont pu les accompagner jusqu'à leur dernière demeure sur la terre des vivants.

Ma feuille de route est tracée : dans le souvenir de mon expérience de tuberculeux mis en quarantaine et arraché de mes racines, éloigné de ceux que j'aime et pourraient me réconforter, je suis prêt à répondre avec un optimisme de combat pastoral à la harangue présidentielle : « Ne nous laissons pas impressionner. Agissons avec force, mais retenons cela : le jour d'après, quand nous aurons gagné, ce ne sera pas un retour au jour d'avant. Nous serons plus forts moralement, nous aurons appris et je saurai aussi avec vous en tirer toutes les conséquences. »

Battons-nous maintenant, oui, contre la déshumanisation que provoque la pandémie. Mais demain, saurons-nous tirer toutes les conséquences de notre comportement face à l'épidémie ? Analyserons-nous en vérité les causes de la pandémie ? Serons-nous des bâtisseurs du nouveau monde qui apparaîtra après la victoire sur le virus ?

Jeanne…
et Monsieur

Il faut s'organiser. Il faut s'isoler, suspendre toutes les rencontres pour ne pas être cause de contagion supplémentaire. Cet appel à vivre l'amour du prochain va rapidement révéler une noblesse d'âme et de foi que je n'oublierai jamais. Dans ma tournée régulière des paroissiens isolés, une personne âgée, dépendante du bon vouloir des voisins. Chaque personne qui passe le pas de sa porte la remplit de joie. Après l'intervention du Président de la République, elle m'appelle au téléphone : elle me supplie de ne pas la visiter comme j'en ai l'habitude, non parce qu'elle craignait la maladie ou la mort, mais pour ne pas m'exposer à une sanction ! À son avis, il convient de respecter l'ordre donné pour que s'établisse la paix entre citoyens. Il est inutile de prendre des risques. Je la comprends, mais conscient de la joie qu'elle affichait à chaque visite, je devine le prix de sa décision. Elle me répond tout simplement : « Et si c'était le prix à payer pour que le Bon Dieu nous sorte de cette misère ? » Sa seule demande, que je l'appelle au téléphone l'une ou l'autre fois… « Le fait de vous entendre me donnera de la joie. Je sais que vous priez pour moi. Il convient d'être raisonnable. »

L'isolement devenait pour Jeanne l'expression de sa charité. Au mépris de son petit bonheur, elle entrait dans une solitude façonnée par sa volonté de contribuer à la victoire sur la pandémie. Elle me rappelle le caractère de « Monsieur… ». Je n'ai jamais su son nom ni son prénom. Je l'ai appelé « Monsieur » et c'était un grand Monsieur. Avant même le mardi 17 mars 2020, lorsqu'est décrété le confinement strict, alors que ses petits-enfants sont sa vie et qu'on a encore le droit de se déplacer, il résiste à l'envie de rejoindre son fils et sa belle-fille. Il ne veut pas bouleverser la vie de cette famille. Lorsqu'il apprend que l'usine, où travaillent son fils et sa belle-fille, ferme pour raison de Covid, il effectue un virement en ligne pour éviter que les crédits en cours n'altèrent la sérénité de cette famille. Il m'en parle et me demande de prier pour ses proches : « Seule la prière accompagnant ce que nous faisons donne à la main droite d'ignorer ce qu'elle a donné ». Sagesse d'un vieillard soucieux de vivre l'Évangile simplement, mais en toute vérité. Il rejoint cette foule d'anonymes qui cultivent la fraternité par l'attention aux autres, le partage de leurs biens, et qui ont permis par milliers, en ces semaines d'angoisse, que jaillissent l'espérance et le réconfort. Un immense faisceau d'humanité, dont il faut faire mémoire. Je bénis le Seigneur pour tous ces gestes d'humanité et de partage dont j'ai été le secret témoin émerveillé.

Le monde économique pratiquement à l'arrêt interroge et stimule la praxis des dernières décennies. Mais celui de l'entraide continue à son rythme. Ainsi, ventilateurs, médicaments, soutiens logistiques, masques sont acheminés vers des populations terrassées par la pauvreté comme annonce de cette fraternité universelle, seule capable de donner une chance à l'avenir du monde. Mais permettra-t-elle vraiment l'avènement d'une civilisation de l'amour où tout homme trouvera sa place ? Et que dire de cette recherche internationale mobilisée nuit et jour pour un vaccin, alors que dans la société, au sein même des familles, pro-vaccin et antivaccin s'affrontent parfois violemment ? L'avenir dira quel choix aura été le plus pertinent... Dictée par la conscience, qui est le sanctuaire où Dieu seul a le droit de pénétrer, la décision est personnelle et elle appartient à celui qui l'a prise, l'obligeant à en assumer aussi les conséquences.

La conjonction d'efforts dans la recherche médicale s'accompagne évidemment de perspectives juteuses pour les entreprises. Elle annonce avant tout une capacité d'inventer pour gagner une course contre la montre en espérant sauver le plus de vies possibles. Mais se traduira-t-elle dans les faits pour d'autres causes humanitaires telles la lutte contre la faim, l'accès des pauvres aux soins et à l'éducation ? Feu de paille ou projet d'avenir ? L'avenir le dira.

Serviteur de l'État… et du Prochain

Le sous-préfet de Mulhouse me téléphone. Il sait que l'église est restée ouverte. En ces jours de restrictions, où même les soignants manquent du nécessaire et doivent confectionner des blouses de protection avec des sacs-poubelles, il propose quelques masques et quelques bouteilles de gel hydroalcoolique. Il s'agit coûte que coûte de donner à la paroisse les moyens d'exercer sa mission en temps de crise. Cette démarche concordataire honore ce grand commis de l'État. Présent sur le front, en particulier attentif à tout ce qui se passait dans les centres hospitaliers qui relevaient de son territoire, il a mouillé sa chemise, il a manifesté une proximité efficace de l'État à la population. Vigilant pour que toutes les règles édictées pour lutter contre la pandémie soient appliquées. Payant de sa personne, pendant des semaines il n'a ni compté son temps ni mesuré son énergie. Magnifique engagement personnel au service de la population sinistrée. Un sous-préfet de cette race « des saints de la porte d'à côté » qui, plus soucieux du bien commun que de son confort, descend dans l'arène de l'humanité pour l'aider à assumer une période difficile. Un exemple parmi ceux qui se sont efforcés, avec la grâce de Dieu, d'appliquer l'Évangile dans leur vie de tous les jours.

Comme le prêchait le pape François le 1er novembre 2015, place Saint-Pierre, « des saints comme ça, on en a rencontré nous aussi ; peut-être en avons-nous eu un dans notre famille, ou bien parmi nos amis et connaissances. Nous devons leur être reconnaissants, mais surtout être reconnaissants à Dieu qui nous les a donnés, qui les a mis près de nous, comme des exemples vivants et contagieux d'une manière de vivre et de mourir, fidèles au Seigneur Jésus et à son Évangile. Combien de personnes avons-nous connues et connaissons-nous qui sont de braves personnes, et nous font dire : « Mais cette personne est un saint ! » Ces saints sont les saints de la porte d'à côté, ceux qui ne sont pas canonisés mais vivent avec nous ». Le pape François a ajouté cette invitation : « Imiter leurs gestes d'amour et de miséricorde, c'est un peu comme perpétuer leur présence sur cette terre. En effet, ces gestes évangéliques sont les seuls qui résistent à la destruction de la mort : un geste de tendresse, une aide généreuse, un moment passé à écouter, une visite, une bonne parole, un sourire… À nos yeux ces gestes peuvent sembler insignifiants, mais aux yeux de Dieu ils sont éternels, car l'amour et la compassion sont plus forts que la mort. »

Ce sont ces gestes au quotidien qui ont soulevé pour bien des gens la lourde chape qui pesait sur eux et sur leurs proches.

Sommes-nous reconnaissants ou oublieux une fois l'épreuve passée ? Seul Dieu le sait, lui qui voit dans le secret pour rendre à ces saints de la porte d'à côté tout le bien qu'ils ont fait.

Je ne peux oublier le témoignage de Thierry à qui sont interdites les visites à sa maman Odile, placée en Ehpad. Il se rend sous sa fenêtre tous les soirs et peut ainsi saluer sa maman, prévenue par une infirmière. Grâce à cette visite quotidienne, elle se sent encore pleinement vivante. Moi-même, je ne peux voir un certain nombre de personnes puisque l'accès aux chambres est interdit. Alors j'écris à ces gens que je connais. Il me plait de glisser une tablette de chocolat dans l'enveloppe pour que leur palais éprouve une douceur que leur main ne peut plus ressentir.

L'ARMÉE EN RENFORT

Si certains optimistes pensaient que la situation s'arrangerait assez rapidement, les communiqués médicaux laissent plutôt entrevoir une période longue et difficile. Le président de la République le confirme dans son allocution du 16 mars 2020 : « Nous sommes en guerre, oui. Le pays accompagnera dans cette période les régions les plus touchées aujourd'hui comme celles qui le seront demain. À ce titre, je veux assurer les habitants et les personnels soignants du Grand-Est que nous serons au rendez-vous pour les appuyer face à l'afflux de patients et à la saturation des hôpitaux. Je sais ce qu'ils vivent depuis des jours et des jours, nous sommes avec eux. J'ai décidé qu'un hôpital de campagne du service de santé des armées serait déployé dans les jours à venir en Alsace. Les armées apporteront aussi leur concours pour déplacer les malades des régions les plus affectées et ainsi réduire la congestion des hôpitaux de certains territoires. »

Dès le samedi 21 mars 2020, l'hôpital militaire de campagne s'installe près de l'héliport et des urgences de l'hôpital Émile Muller. Il faut à tout prix désengorger l'hôpital si on veut éviter un tri des malades à leur arrivée. Cette sélection condamnerait à mort certains patients. L'hôpital de campagne comprend cinq modules de six lits chacun. Tous sont équipés de matériel permettant de ventiler et d'intuber les malades. L'équipe soignante des armées est composée de médecins et d'infirmiers anesthésistes réanimateurs, d'épidémiologistes et d'aides-soignants, soit au total une centaine de personnes. Elles forment une équipe de choc pour des patients dans un état grave, avec une logistique adaptée à l'infection. Cette unité médicale comprend des zones d'habillage et de déshabillage pour protéger le personnel. Nous sommes en face d'hommes et de femmes qui ont le sens du devoir, mais surtout des personnes de cœur. Il y a parmi eux des amis de Jésus. Certains d'entre eux, comme des soignants venus d'ailleurs, pénètrent dans l'église Saint-Étienne dès qu'ils le peuvent. J'admire leur piété mais plus encore leur foi au Christ, leur amour de la Vierge et leur passion pour la vie humaine. Une relation solide s'est nouée avec quelques-uns d'entre eux ; elle les nourrit tant sur le plan humain que spirituel. Malgré l'interdit prononcé par l'évêque de célébrer la messe en public, je réponds à leur attente, à leur demande.

En effet, ils sont engagés dans un combat que leurs forces seules ne peuvent remporter. Un membre de ces gladiateurs pour la vie vient me demander si vraiment il est impossible d'avoir une messe. Je sens sa soif de Dieu, sa faim du Christ. C'est l'heure d'être pleinement l'aumônier de cet hôpital de campagne. Certes, ma conscience est, un moment, ébranlée… Désobéirais-je à l'évêque ? Conscient que je ne mets nullement la vie de mes nouveaux paroissiens en danger, je réponds sereinement à la demande. Dorénavant, tous les jours, souvent à la nuit tombante, à l'église, le Christ ressuscité rejoint ces disciples, envoyés au front pour arracher la paix sanitaire à cet ennemi sans uniforme mais combien insidieux ! Chants et prières jaillissent du cœur de ces frères de Jésus, médecin des hommes dont le souffle s'épuise. Il est là ! Il se donne en nourriture ! Mystère de la foi. « Nous ne comprenons pas que l'accès des aumôniers d'hôpitaux aux malades soit interdit. Mais nous ne pouvons rien y changer ».

L'une ou l'autre fois, je les accompagne alors que le couvre-feu fait régner un silence singulier sur Mulhouse. Je suis à leurs côtés pour simplement bénir les malades et les soignants, et prier avec eux, me tenant au plus près de ce Golgotha local. Notre secours est dans le nom du Seigneur !

L'Église, hôpital de campagne, est en action par ses membres laïcs. Par eux, elle agit, soigne, soutient, prie. Le Règne de Dieu est présent là où gisent les victimes de ce virus dont aujourd'hui encore nous ignorons le lieu exact de naissance. Il n'est pas né à Mulhouse, même si notre ville s'est trouvée l'épicentre de la contagion en France. Avec ces soignants, Jésus soigne, Jésus guérit, Jésus bénit, Jésus nourrit. Un de ces commandos de la charité sanitaire, une de ces brigades pour la vie me demande de porter la communion à un malade qui vient de retrouver une autonomie respiratoire. D'en profiter pour offrir le corps du Christ à un de ses collègues, épuisé, qui ne peut venir à la messe ce jour-là. Foi affirmée en Jésus eucharistie qui se donne en nourriture ! Je pense exaucer ainsi la prière du pape François : « Seigneur, je te prie pour nos prêtres. Qu'ils aient le courage de sortir, d'aller vers les malades, de leur apporter la force de la Parole de Dieu et de l'eucharistie, d'accompagner les opérateurs de santé, les volontaires au service de leurs sœurs et frères », le 20 mars 2020. Ils sont rares les jours où je ne me rends pas au chevet de malades, de mourants. J'aimerais faire plus, faire mieux.

Audace ou désobéissance ?

Je désobéis. Mais il est pour moi inconcevable de refuser le contact avec le peuple immense de ceux qui se dévouent et de ceux qui souffrent. Lorsque le choléra avait frappé la proche région de Niederbronn, la bienheureuse Mère Alphonse-Marie, fondatrice des Sœurs du Très-Saint Sauveur et initiatrice du soin des malades à domicile au XIXe siècle, invita ses sœurs à ne pas écouter le réflexe naturel et spontané de la peur mais à se rendre au chevet des malades qui gisaient dans leur vomi. La contemplation de Jésus avait poussé Mère Alphonse-Marie à encourager ses sœurs : « Allez jusqu'au bout ». Lors de cette fameuse épidémie qui sévit en 1854, « en ces jours d'épouvante où les maladies se manifestent d'une manière si effroyable que la nature humaine s'en affole », elle mit le souvenir de la croix sous leurs yeux et les invita à l'audace de la charité : « Ranimez toujours votre courage, chères enfants, fermez l'oreille à la voix de la nature qui réclame ses droits, faites-vous violence, et remportez la victoire sur vous-mêmes… ». Elle synthétisa sa pensée en trois mots : « Souffrir, prier, se taire » pour inviter ses filles à se situer dans la douceur et dans l'humilité de Jésus.

Le dévouement des sœurs dans la lutte contre le choléra leur valut la reconnaissance officielle le 6 novembre 1854 par décrêt impérial et le 7 mai 1865 par le Saint-Siège : Pie IX adressa à la Mère Marie-Alphonse un décret de félicitations. Et que penser de ces religieuses de cette même congrégation qui, le 20 avril 1954, débarquèrent d'Alsace à Douala pour le soin des lépreux. Arrivées à Nyamsong, elles se sont donné pour consigne de ne jamais montrer la moindre répugnance devant les lépreux. Dans son ouvrage *Le Cameroun, un beau pays*, le père André Loucheur décrit l'épopée de ces sœurs qui gagnèrent la confiance des malades et de leurs familles : « Avec le sourire, elles ont été vers eux. Chaque fois, lorsqu'on amenait un nouveau malade, la sœur le prenait dans ses bras, lui faisait la toilette, lui prodiguait les premiers soins… » Alors que les chefs, les villageois, savaient que leurs lépreux, qu'ils aimaient bien, n'étaient que des morts en sursis, bien embarrassants cependant. Il y avait donc un problème - écrit le Père Loucheur. Mieux, une question : « Pourquoi ces religieuses venaient-elles de si loin se charger de ces compagnons si gênants qui n'étaient pas de leurs familles, de leur ethnie ? Les religieuses n'ont pas répondu au « pourquoi ? ». Elles ont seulement accueilli chaque malade avec le sourire…» Alors qu'on ne parlait pas encore de guérison de la lèpre en 1955, les religieuses réalisaient tout simplement ce qu'elles avaient appris dans l'Évangile : « Tu aimeras ton prochain comme toi-même ». Cette parole de Jésus doit rester le point d'appui, le socle de cet hôpital de campagne dont parle le pape.

Aimer, donner, se donner ! Aussi, je n'hésite pas à répondre aux demandes de sacrements à domicile et dans des Ehpad. Pourtant, toute visite est interdite ! Mais certains membres du personnel de santé, comme des proches des familles, ne peuvent se résoudre à voir leurs malades mourir, dans la solitude, dans l'angoisse et le désespoir, sans avoir vu un prêtre. C'est donc de nuit, en catimini, qu'on m'introduit dans l'une ou l'autre chambre… Souvent inconscients, les mourants sont en paix. Aucun mouvement du corps, seul le souffle bien ténu atteste qu'ils sont encore vivants. Je veux croire qu'après tant de souffrance, Jésus qui est mort d'étouffement leur partage déjà son héritage : « Je vous laisse ma paix, je vous donne ma paix ». Bouleversante, cette ultime célébration auprès de nos mourants est l'heure mystérieuse où Dieu se manifeste dans cette chambre faiblement éclairée. Je ne peux me résoudre à garder les gants qu'on m'a demandé d'enfiler pour éviter la contamination. Je marque une ultime fois le front de ce père, de cette mère du signe de la croix. Après l'onction, je les enlève, avant et après l'onction je fais les ablutions quasi rituelles avec le gel qui ressemblent bizarrement aux usages de pureté pratiqués au temps de Jésus. Alors que Jésus touchait avec sa salive la langue du muet, qu'il touchait de ses mains les yeux des aveugles, dois-je me tenir à distance des plus petits d'entre les siens ? Impossible ! Comment aurais-je réagi si mes parents, mes grands-parents avaient jadis approché le tuberculeux que j'étais, avec des gants en latex, sans m'étreindre... Je n'aurais pas compris ! À l'époque, dans les sanatoriums, les mains peu charitables de certains éléments du personnel soignant me causaient des souffrances plus psychiques que physiques. La douceur des mains calleuses de mes proches était un baume puissant sur ma peine intérieure. Il suffisait que ces mains effleurent mon visage et passent sur mes cheveux pour que je reprenne courage et me sente mieux. Si déjà le sac plastique va être le drap mortuaire de ces pauvres, je ne peux me résoudre à ce que le dernier contact humain soit limité par le latex ! À l'âge de cinq ans, je fus mis en quarantaine, interdit de visites, nourri et soigné certes, mais isolé et privé de tout contact physique si ce n'était celui des piqûres et des prises de température. Or, comme l'a écrit l'ancien Maître de l'Ordre des Dominicains, le frère Timothy Radcliffe : « Le toucher est la nourriture nécessaire de notre humanité. Nous avons besoin de toucher, même de petites touches douces, pour nous donner la vie. Dans la chapelle Sixtine, Michel-Ange dépeint Dieu touchant Adam dans la vie. Nous avons besoin des visages de ceux que nous aimons. Skype et Zoom sont merveilleux mais pas suffisants. »

Hécatombe

Nos mourants sont des êtres de cœur. Jésus les habite jusqu'au dernier souffle. Il s'identifie à eux. Comment pourrais-je prendre le Corps du Christ dans ma main sans mettre mes doigts dans les plaies de son humanité ? D'accord, les puristes crient au risque de contamination. Mais l'Église n'est pas un laboratoire ou une pharmacie. Elle est un hôpital de campagne où l'on prend soin du malade. Il est corps, cœur, âme et esprit. À vrai dire, je n'ai pas peur, au plus fort de la crise sanitaire. Je vis l'évènement même s'il doit me conduire vers la mort.

En Italie, 269 prêtres sont morts de la Covid-19 du 1er mars 2020 au 1er mars 2021. Le clergé a payé de son sang sa proximité avec les populations exposées au virus. Le plus jeune prêtre avait 55 ans, le plus âgé

104 ans. « Ils tombent malades et meurent comme les autres, avec les autres. [...] Les prêtres italiens ont toujours été au milieu des gens, en mission, d'abord en raison de la nature populaire de notre clergé. On les retrouve donc inévitablement sur la liste des victimes de cette effrayante épidémie », note le quotidien italien *Avvenire*. Certains de ces prêtres ont été missionnaires dans des régions lointaines, d'autres s'occupaient des toxicomanes, des réfugiés, des jeunes. Ils ont vécu leur vie jusqu'au bout. Parmi eux, le père Berardelli, un martyr de la charité. Il savait qu'il y avait peu de lits en thérapie intensive. En arrivant malade à l'hôpital, il a dit au médecin : « S'il y a un jeune qui a besoin d'un lit en thérapie intensive, donnez-lui le mien. » Il était tout simplement prêt à donner sa vie. Seule cette attitude permet en fait de la sauver. « Qui donne sa vie la sauvera... » a affirmé Jésus. Il savait de quoi il parlait et il a donné l'exemple. Alors pourquoi avoir peur ? De quoi avoir peur ? Au plus fort de la crise,

personne ne sait de quoi sera fait le lendemain. Qui sera frappé par le virus ? Serai-je la prochaine victime ? La vraie question, la seule question, la question profonde est : suis-je prêt ?

« Devant vous au paradis... »

Jour après jour, cette prostituée se rend dans une chapelle de mon église Saint-Étienne auprès de Thérèse de l'Enfant-Jésus. Je la vois allumer un cierge suppliant d'être protégée de cette maladie. Elle se plaint de la difficulté à joindre les deux bouts mais garde confiance en Celui qui peut tout. « Je sais que ce n'est pas bien ce que je fais, Père ! Mais il faut que je gagne ma vie » et, d'un air malicieux : « Je risque d'être encore avant vous au paradis puisque Jésus dit que les prostituées et les publicains précéderont les justes au Royaume des cieux ! » Elle connait les Écritures, surtout elle compte sur la miséricorde de Dieu pour que ses péchés ne lui soient pas comptés. Elle m'ouvre la boîte noire de son existence. Je comprends sa misère et son angoisse. Que faire ? Je lui propose un contact avec l'association « le Nid » pour l'aider à entrevoir un avenir digne de sa condition de femme. « Le Nid » est présent sur le terrain : il appelle à un engagement citoyen, politique et culturel contre le système de la prostitution et l'ensemble des violences commises contre les femmes. Malheureusement, elle ne peut se décider à mettre un terme à son esclavage sexuel. Accompagnée d'autres prostituées, elle pénètre dans l'église. Ensemble elles prient, échangent avec moi et repartent d'un pas plus affirmé. « Nous avons échappé au Sida, nous espérons ne pas succomber à la Covid… » dit l'une d'elle : « Priez pour moi et les autres putes… Vous savez, mon Père, nous ne sommes pas des femmes mauvaises. » Je le leur promets bien sûr et lorsqu'elles repassent à l'église, je réalise ma promesse avec elles et pour elles.

Malgré toutes les considérations sanitaires et tous les drames vécus, je considère le temps du confinement comme béni : il permet de belles rencontres, sans fard et en vérité. Il me permet d'être prêtre à la manière des apôtres, au milieu des petits si précieux aux yeux de Dieu.

***

Malheureusement, cette parenthèse ouverte dans l'écoulement du temps n'est toujours pas refermée en ce mois de septembre 2021. Il tient éloignés de la rue ses habitants sans domicile fixe. Ils sont pris en charge par l'État, hébergés et nourris par ses soins. Mais il leur manque leur bien suprême, leur seul bien : la liberté ! Certes, depuis que l'étau s'est desserré, ils peuvent ressortir. Je les retrouve. Les retrouvailles sont émouvantes ; ils sont à nouveau là, mais leur être intérieur reste cabossé par cette forme de captivité imposée par le trop long confinement.

Gens de la rue

Habitué à prêter main forte lors des journées de collecte d'aliments pour la banque alimentaire, je retrouve à l'église celui qui m'appelle « mon ami ». Assis à l'entrée de la nef, recueilli, la tête dans ses mains, son corps est secoué par des sanglots. Ma main posée sur son épaule l'oblige à se ressaisir. Mon « Bonjour, je suis heureux de vous revoir ! Vous me manquiez ! » fait naître un sourire radieux sur son visage.

– « Monsieur le curé, tous les jours j'ai prié pour vous. Je sais que vous étiez seul. Si vous étiez tombé malade, vous n'auriez eu personne pour s'occuper de vous. Alors je disais à Jésus et à la sainte Vierge : « tout le monde sauf lui ! »

– Oh ! mais quelle idée ! Comment pouvez-vous dire tout le monde ? Je n'aurais jamais pu aider tout le monde si j'avais été le seul rescapé ?

– Oh, monsieur le curé, la sainte Vierge vous aurait aidé ! répondit-il tout souriant.

Il est heureux de retrouver la liberté de mouvements et ses compagnons d'infortune. Enfin, il peut à nouveau être utile…

– Mais, il faut demeurer prudent, me lance-t-il, le pape le demande… Il faut lui obéir, n'est-ce pas ?

J'acquiesce. Petit à petit, entre courtes détentes et nouvelles alertes, la vie des gens de la rue a repris ses droits ; mais elle n'était plus comme avant. Quelque chose avait été brisé, cassé dans leur manière d'être, amputés trop longtemps d'eux-mêmes. Retrouveront-ils leur enthousiasme et leur naturel ? Je ne le saurai peut-être jamais puisque je les ai quittés depuis, envoyé ailleurs pour une nouvelle mission. Alors je les confie à Marie. J'ai confiance.

Dévouement des bénévoles de l'Ordre de Malte

Si les gens en situation de précarité sont pris en charge par des services de l'Etat, de nombreux pauvres passent toutefois « sous le radar ». Les maraudes menées par l'Ordre de Malte tournent au ralenti. Mais l'attention de ses bénévoles ne se relâche pas. Gilles, l'un des responsables, se préoccupe chaque jour de tous ceux qui réceptionnaient un colis alimentaire que lui et d'autres distribuaient avant la pandémie. Ancien de la Légion étrangère, il sait le prix de l'engagement pour gagner la bataille contre la mort. Il sait que si la stratégie militaire compte dans toutes les victoires, le moral des troupes constitue la clef de la réussite et de la cohésion. Aussi, par téléphone ou en visitant les personnes vulnérables et minées par la solitude, il exprime cette compassion de l'Église pour les membres souffrants du Corps du Christ. Sans s'en rendre compte, il donne vie aux conseils touchant de nombreuses situations concrètes de la vie – dont la pauvreté – que Ben Sirac délivre dans la Bible. Il sait que, dans le besoin, il faut avoir confiance en Dieu : « Ne t'agite pas à l'heure de l'adversité. Attache-toi au Seigneur, ne l'abandonne pas, afin d'être comblé dans tes derniers jours. Toutes les adversités, accepte-les ; dans les revers de ta pauvre vie, sois patient ; car l'or est vérifié par le feu, et les hommes agréables à Dieu par le creuset de l'humiliation. Dans les maladies comme dans le dénuement, aie foi en lui. Mets ta confiance en lui, et il te viendra en aide ; rends tes chemins droits, et mets en lui ton espérance. Vous qui craignez le Seigneur, comptez sur sa miséricorde, ne vous écartez pas du chemin, de peur de tomber. » (Si 2, 2-7).

Son témoignage et celui de ses coéquipiers s'inscrivent dans une expérience réussie de relations humaines. Ils traduisent dans les faits cet extrait du message délivré par le pape François à l'occasion de la quatrième journée mondiale des pauvres, en novembre 2020 : « *Chaque rencontre avec une personne en situation de pauvreté nous provoque et nous interroge. Comment pouvons-nous contribuer à éliminer ou, du moins, à soulager sa marginalisation et sa souffrance ? Comment pouvons-nous l'aider dans sa pauvreté spirituelle ? La communauté chrétienne est appelée à s'impliquer dans cette expérience de partage, sachant qu'il ne lui est pas permis de la déléguer à qui que ce soit. Et pour être un soutien aux pauvres, il est fondamental de vivre personnellement la pauvreté évangélique. Nous ne pouvons pas nous sentir «bien» quand un membre de la famille humaine est relégué dans les coulisses et devient une ombre. Le cri silencieux des nombreux pauvres doit trouver le peuple de Dieu en première ligne, toujours et partout, afin de leur donner une voix, de les défendre et de se solidariser avec eux devant tant d'hypocrisie et devant tant de promesses non tenues, pour les inviter à participer à la vie de la communauté.* »

Comme le rappelle saint Paul, tendre la main aux pauvres est une incitation à rendre en charge le poids des plus faibles : « Mettez-vous, par amour au service les uns des autres. Car toute la Loi est accomplie dans l'unique parole que voici : Tu aimeras ton prochain comme toi-même. (…) Portez les fardeaux des uns les autres » (Ga 5,13-14 ; 6,2…). Le Livre de Ben Sirac suggère des actions concrètes pour soutenir les plus faibles et il utilise également quelques images suggestives. Tout d'abord, il prend en considération la faiblesse de ceux qui sont tristes : « Ne te détourne pas de ceux qui pleurent » (7, 34). La période de la pandémie nous oblige à un isolement forcé, nous empêchant même de pouvoir consoler et d'être près d'amis et de connaissances affligés par la perte de leurs proches.

« N'hésite pas à visiter un malade » (7, 35). Nous faisons l'expérience de l'impossibilité d'être aux côtés de ceux qui souffrent, et en même temps, nous prenons conscience de la fragilité de notre existence. En somme, la Parole de Dieu ne nous laisse jamais tranquilles, elle continue à nous stimuler au bien. »

LA CUISINE DE GÉRALD

Certes, la pandémie nous surprend et nous déboussole : notre génération n'a jamais connu ce type d'ébranlement social et sanitaire. La pandémie dévoile notre impuissance. Cependant, ceux qui tendent la main pour donner et aider sont prêts à demeurer un instrument de miséricorde en ce temps de nécessité. Ainsi, Gérald, le cuisinier du restaurant « La Marmite ». Je le croise de bon matin alors que je suis descendu poster un courrier. Nous ne cachons pas notre joie de nous rencontrer. Je ne peux m'empêcher de lui dire combien sa cuisine m'était agréable et que j'ai hâte d'y goûter à nouveau. « Mais, monsieur le curé, ce n'est pas un problème. Je n'ai pas le droit de vous accueillir pour déjeuner sur place, mais je vais vous préparer, quand vous le voulez, les repas ! Ne vous tracassez donc pas de ce que vous mangerez. Je m'en occupe ! » Gérald tient parole et chaque jour que le bon Dieu fait, et bien que le rideau du restaurant reste baissé, je goûte ses plats avec gourmandise. Sa cuisine a la saveur des larges horizons mais surtout celle que seul un bon cœur peut donner. Certes, il dit lui-même qu'il n'est pas un pilier d'église ; mais il est un homme d'attention qui trouve sa joie en l'offrant. Gageons qu'une place lui est réservée à la table du Roi de Gloire, après que le marmiton a nourri un de ses serviteurs. Sa main tendue, enrichie de son sourire, révèle un style de vie si proche de l'Évangile. Dans sa spontanéité à vouloir bien me nourrir, je reconnais la Providence qui ne se trompe pas en ses desseins. Je sais que je peux compter sur un ami supplémentaire, bien plus utile en ce moment qu'un avocat ou un dentiste. Don de Dieu fait en temps de guerre et de désespoir, il est la main de Dieu qui accomplit la promesse faite au prophète Jérémie : « Je nourris mes prêtres de festins ; mon peuple se rassasie de mes biens, oracle du Seigneur. » (Jérémie 31, 14)

Un nouvel ami

Cette période de confinement me fait découvrir, émerveillé, de vrais diamants humains. Ainsi Laurent, homme de bien et réputé pour l'attention qu'il porte à ceux qui viennent à lui. Sa manière d'être et sa bienveillance à propos de mon humour me l'ont rendu proche. Dans ce contexte où il convient de prendre des distances avec tout le monde, je vis un beau rapprochement avec lui et sa complicité devenait un soutien fort dans ma mission d'aumônier de cet hôpital de campagne qu'est l'Église. « Qui trouve un ami trouve un trésor » dit la Bible. Je l'atteste. Réponse du cœur de l'homme à l'amour de Dieu, la véritable amitié repose sur une confiance réciproque qui n'admet ni réserves ni exceptions. Je rends grâce que la pandémie qui distend des liens, qui les purifie aussi, soit également un temps de grâces où est apparue une amitié de plus. D'autres sans doute ont fait une telle expérience : dans l'épreuve s'est révélé un ami fidèle, dont la valeur est inestimable.

Pour nouer des liens avec Laurent, il y a eu un prélude, un temps de patience où les événements ecclésiaux nous ont donné l'occasion, avant la grande épreuve, de nous croiser et de nous apprécier. Mais le confinement et son cortège d'épisodes dramatiques ont scellé une amitié solide. Il est présent pendant cette période si particulière, accompagné de son épouse. Ils m'offrent leur attention sans rien attendre en retour. Le pape François rappelle qu'il n'y a pas meilleur exemple que Jésus en ce qui concerne l'ami sûr et fidèle. Jésus, dit-il, « ne promet pas des choses mirobolantes, ne dit pas que le bonheur est dans la richesse, le pouvoir, l'orgueil. Tout le contraire ! Il montre un chemin, qui est la vie, la vérité. Il sait que le bonheur, le vrai, celui qui remplit le cœur, n'est pas dans les habits stylés, dans les chaussures que nous portons, dans l'étiquette d'une enseigne connue. Il sait que le vrai bonheur c'est être sensible, c'est apprendre à pleurer avec ceux qui pleurent, être proche de ceux qui sont tristes, épauler, embrasser ». La clef de l'amitié proposée par Jésus est désintéressée, gratuite. C'est en la construisant conjointement au moment où le voile de deuil recouvre la terre que nous pouvons traverser ensemble ce temps d'épreuve qui, pour moi, n'est pas un temps de solitude. L'ami Laurent, un trésor, un don de Dieu ! Dans Horace, Corneille affirme : « On perd tout quand on perd un ami fidèle ».

Comme d'autres amis qui m'accompagnent depuis plus ou moins longtemps, Laurent, je sais que je ne te perdrai jamais ! Tu pries pour moi, je prie pour toi et les tiens.

Une amitié éprouvée dans l'épreuve ne passera jamais.

Messes-pirates

Alors qu'un voile de deuil recouvre les esprits, sœur Marie-Philippe n'a pas disparu des écrans radars de la paroisse. Bien qu'éprouvée par des accidents de santé successifs et classée par les services sanitaires comme personne à risque, elle ne s'en inquiète pas davantage. Pourtant, la peur de la mort l'habite… Mais pour rien au monde, elle ne déroge à la règle de passer, en coup de vent, voir le curé au presbytère, celui qu'un médecin homéopathe lui a confié pour qu'elle en prenne soin. Service fidèle suite à une parole donnée. Je ne suis pas toujours très agréable à son égard, pris par mille choses, mais la parole donnée qu'elle honore, alors que d'autres se terrent chez eux, me va droit au cœur. « Que votre oui soit oui, que votre non soit non ». Il en est ainsi pour elle. L'une ou l'autre fois, je l'invite à participer à la messe célébrée en privé. Jusqu'au jour où une de ses supérieures lui fait de vifs reproches à ce sujet. Abus d'autorité ? Peur de perdre une consœur ? Mais exemple d'une position dure qui ne tient pas compte de la faim des enfants de Dieu.

Oui, je le confesse. Je célèbre la messe en privé, en présence d'une poignée de gens qui me demandent d'y participer : voisins, infirmières sur le terrain, fidèles... Les distances sont garanties, la fiole de gel est prête à répandre son liquide sur les mains qui ne peuvent se tendre vers les autres, la communion dans la main est de rigueur...

– Monsieur le curé, tel que je vous connais, je me doute que vous célébrez une messe-pirate ?

– Une messe-pirate ?

– Oui, c'est-à-dire, comme il est interdit de célébrer en présence d'un peuple, vous ne vous privez quand même pas de votre messe quotidienne ?

Celui-là a compris… Je l'invite à me rejoindre à une heure où la sortie est encore autorisée. Je prends soin de fermer l'église pour éviter que ne se constitue une assemblée. Ensemble, nous entrons dans la célébration de la mort et de la résurrection du Christ. Le soir commence déjà à tomber et les ténèbres entourent l'église. Les lumières de la chapelle de la Vierge jettent leurs faisceaux vers la rue. Les ténèbres sont déjà entrées dans le cœur de certains qui rôdent autour de l'église. Ils entendent un chant du propre de la messe… Le lendemain, Adrien, un jeune Sénégalais qui loge pour un temps au presbytère, me met en garde contre des esprits malintentionnés qui lui font part de leur étonnement. Ils ont agité la menace d'une dénonciation. Je n'en suis pas plus impressionné que devant un moineau qui fait pipi sur un grand monument. Je sais qu'à l'Archevêché de Strasbourg, Monseigneur Ravel célèbre chaque jour la messe avec son auxiliaire et ses vicaires généraux. Ils travaillent sous le même toit sans y vivre…

En fait, il m'est impossible de renoncer à célébrer la messe lorsqu'une situation particulière se présente. Faut-il renvoyer les cœurs brisés, les esprits meurtris qui ont faim de Dieu ? L'Église est un hôpital de campagne. Il y a urgence.

Détresse et confiance familiale

J'assure la permanence à l'église. Une petite famille entre. Quatre enfants dont le plus jeune a deux ans. Le mari vient de retrouver son épouse après quelques jours d'hospitalisation… Le couple peine à contenir les larmes ; l'insouciance des enfants est, elle aussi, marquée par une peine perceptible. À genoux, tous prient intensément. Je les rejoins, me mets à genoux derrière eux et, en silence, je m'unis à leur prière. Ils se lèvent, je demeure à genoux. La fillette de six ans vient me dire : « Mon Père, je ne veux pas perdre ma maman ! Dites-le au bon Dieu… » Ma gorge se noue. Je la regarde. Je voudrais lui caresser la tête. Mais il faut respecter les règles. Fichue distanciation qui ne permet plus au pasteur de prendre soin de la brebis blessée ! Le père me demande : « Mon Père, il y a suspicion d'une tumeur chez ma femme. Elle a déjà eu un souci grave… Je sais que les messes sont interdites avec une assemblée. Mais lorsque vous célébrez, pensez à nous. Dieu sait ce qui sera bon pour nous ! Priez pour nous. » Mon sang ne fait qu'un tour… « Voulez-vous participer à la messe ? Un « Oh oui ! » des parents entraîne celui des enfants. C'est une célébration intense et priante… Au moment de quitter les lieux, le père de famille revient sur ses pas. « Vous êtes un père pour nous ! » J'accepte cette reconnaissance, conscient d'être un serviteur libre dans la maison du Père, suivant toujours l'évêque et le pape, mais marchant à côté du troupeau. Ai-je une nouvelle fois désobéi à l'évêque ? Ma conscience ne me reproche rien… Je suis en paix ! Église, hôpital de campagne dont je suis l'un des aumôniers, serviteur quelconque qui ne fait que son devoir.

La maman de Mathieu

Dès la suspension des offices, j'ai pris le parti d'ouvrir l'église Saint-Étienne et de m'y tenir à la disposition des gens de passage. Je confesse ceux qui le désirent, je donne l'onction des malades à d'autres, je les accueille tous. Ainsi, Mathieu, fils d'agriculteur… Le premier jour, vers dix-huit heures, alors que je m'apprête à fermer les portes de la maison de Dieu, pensant qu'il n'y aura plus de visiteur, il entre. Je remarque sa peine ; elle l'oriente vers Marie présente au pied de la croix. Il mêle ses larmes à celles de la Vierge des douleurs. Je m'approche et, en silence, je regarde, moi aussi, Marie dans sa compassion pour les pécheurs. Assez vite, il se tourne vers moi. La voix est crispée, l'expression violente. Son cœur, comme celui de Notre-Dame, est traversé par un glaive : « Maman est à l'hôpital. Elle a la Covid. On m'interdit de la voir. Alors chaque soir, je vais sur le parking de l'hôpital. J'ignore dans quelle chambre elle se trouve. Mais je pense à elle, je ne veux pas la laisser seule. Papa est mort subitement. Mon frère a été très injuste avec moi. On ne se parle plus. C'est même la guerre. Maman est encore la seule qui me comprenne. Je ne veux pas qu'elle meure. Monsieur le curé, aidez-moi. Je vous en supplie, je vais devenir fou si maman mourrait ! » Cri déchirant d'un enfant de Dieu. Où trouver le secours que les hommes ne peuvent procurer ? Chez Marie. Un chant en allemand, si souvent repris naguère dans nos villages d'Alsace, traduit cette réalité du cœur humain lacéré par la tristesse mais qui trouve en Marie un refuge : « Ich gehe wenn ich traurig bin zur liebe Mutter Gottes hin un alle Leiden allen Schmerz vertrau ich Ihrem Mutter Herz – Je vais auprès de la Vierge lorsque la tristesse m'étreint. Á son cœur de Mère, je confie mes peines et mes souffrances ». Tout est dit.

Hélas, malgré le dévouement des médecins et nos prières, sa bonne maman rejoindra par la mort le Seigneur. Mathieu prend rendez-vous avec moi. Les pompes funèbres ont été claires : pas d'enterrement, pas de passage par l'église. « Monsieur le curé, maman allait à la messe chaque jour. Et on va l'enterrer comme un chien. » Hélas, notre archevêque a pris la décision d'interdire l'entrée à l'église avec un défunt. J'ai contesté auprès de lui, mais sa réponse fut sans appel : « Non ! » J'ai honte pour notre Église. En temps de crise, elle donne l'impression de rejeter les plus pauvres des pauvres : ses enfants défunts. « Inhumée sans les secours de la religion… » Une nouvelle fois s'accomplit ce que le Seigneur avait dit par le prophète Jérémie : « Un cri s'élève dans Rama, des pleurs et une longue plainte : c'est Rachel qui pleure ses enfants et ne veut pas qu'on la console, car ils ne sont plus ». J'entends les cris de désespoir de ces gens qui viennent à moi pour les obsèques. Invariablement, je leur dis qu'une célébration à l'église est impossible. Mais je viendrai au cimetière. L'État nous autorise à faire entrer les défunts dans un lieu de culte, à condition de respecter les normes sanitaires, les gestes barrières et sans dépasser le nombre de vingt personnes. Mais l'Église de mon diocèse l'interdit… J'en souffre et je souffre avec les gens. Il leur a été interdit de se rendre auprès de leur défunt. Maintenant l'Église leur interdit la prière dans la maison commune… Même morts, les malades de la Covid sont des pestiférés.

Mathieu

Mathieu a-t-il prié en vain la Vierge Marie ? Tous les vents contraires se sont levés pour balayer la sérénité de son cœur : son frère en guerre contre lui, sa mère défunte interdite de célébration à l'église, solitude suprême. Je pense souvent à notre dernière rencontre : son esprit grondait, son cœur saignait. Aucune parole humaine ne pouvait l'apaiser. Alors, je me suis tenu simplement en retrait. Ses larmes et ses cris étouffés ont été sa prière. Il a quitté les lieux. Il était abattu et pourtant son pas décidé montrait une volonté d'avancer dans la vie. Je pensais ne plus le revoir au lieu de sa rencontre avec la Mère de Dieu. Mais je me trompais. J'ai continué à prier pour lui, à penser à lui dès que je passais à l'endroit où il s'était tenu. Un soir, alors que je m'apprête à fermer l'église, il est là, à l'endroit habituel et il m'attend. Son visage reste marqué par sa peine mais il est paisible. Mieux, son regard est lumineux et traduit une sérénité nouvelle. « Mon Père, je suis venu remercier la sainte Vierge… C'est vrai, j'ai perdu maman. C'est vrai, nous l'avons portée en terre sans pouvoir passer par l'église. Monsieur le curé vous avez été gentil avec nous au cimetière… Mais la bonne nouvelle dans tout cela et ma joie, c'est que mon frère s'est remis à me parler. Nous avons eu une longue discussion. Nous nous sommes retrouvés. Pour moi c'est le premier miracle de maman au ciel. » Je m'empresse d'ajouter : « et de la sainte Vierge ».

– Oui, un miracle des deux, mon Père. Alors je suis venu dire merci à la sainte Vierge, à maman. Désormais, je vous le promets, mon Père, dès que je viendrai à Mulhouse, je ferai une visite à la sainte Vierge et à ma maman. Je leur allumerai une bougie. Je suis heureux même si je reste triste.

Nul doute, Marie vient de défaire une nouvelle fois les nœuds. J'en suis témoin et je jubile !

Marie qui défait les nœuds

Cette dévotion à Marie qui défait les nœuds est chère au pape François. Cette image de la mère de Jésus impliquée dans la résolution des difficultés terrestres l'a bouleversé au temps où il était simple jésuite : il distribuait facilement le tableau qui représente la Vierge Marie qui défait les nœuds dans nos vies, particulièrement dans les vies des couples et des familles, avec la prière à Marie au verso. Régulièrement, le pape évoque cette dévotion.

Mais quels sont ces nœuds dénoués par Marie ? Les Pères conciliaires de Vatican II avaient repris une expression de saint Irénée qui dit : « Le nœud noué par la désobéissance d'Ève a été dénoué par l'obéissance de Marie ; ce que la vierge Ève avait lié par son incrédulité, la Vierge Marie l'a délié par sa foi » (Adversus Hæreses III, 22, 4). Le pape François affirme, le 12 octobre 2013, place Saint-Pierre lors de la prière mariale à l'occasion de l'Année de la Foi : *« Quand nous n'écoutons pas Dieu, ne suivons pas sa volonté, nous accomplissons des actions concrètes par lesquelles nous manifestons un manque de confiance en lui – et c'est le péché – il se forme comme un nœud dans notre être intime. Ces nœuds nous ôtent la paix et la sérénité. Ils sont dangereux, car de plusieurs nœuds peut se former un enchevêtrement, qui est toujours plus douloureux et toujours plus difficile à dénouer. Mais à la miséricorde de Dieu – nous le savons – rien n'est impossible ! Même les nœuds les plus emmêlés se dénouent avec sa grâce. Et Marie qui, par son « oui », a ouvert la porte à Dieu pour dénouer le nœud de l'ancienne désobéissance, est la mère qui, avec patience et tendresse, nous conduit à Dieu, afin qu'il dénoue les nœuds de notre âme avec sa miséricorde de Père. Chacun de nous en a quelques-uns, et nous pouvons nous demander dans notre cœur : quels nœuds y-a-t-il dans ma vie ?*

« Père, les miens ne peuvent pas se dénouer ! » Mais c'est une erreur ! Tous les nœuds du cœur, tous les nœuds de la conscience peuvent être dénoués. Est-ce que je demande à Marie de m'aider à avoir confiance en la miséricorde de Dieu, pour les dénouer, pour changer ? Elle, femme de foi, nous dira sûrement : « Avance, va chez le Seigneur : lui te comprend ». Et elle, Mère, nous conduit par la main vers la tendresse du Père, du Père de la miséricorde. »

Honteux pour notre temps

Ils sont nombreux à mourir chaque nuit, chaque jour. Dès que la mort les a saisis, ils sont glissés dans un sac plastique, mis dans un cercueil et conduits à la morgue. Lorsque la morgue est devenue insuffisante, les autorités ont réquisitionné un lieu réfrigéré qui servait d'entrepôt de fruits et légumes. Je demande à une personne de confiance, employée des pompes funèbres, à m'y rendre. Plusieurs dizaines de cercueils s'y trouvent, en attendant d'être brûlés au crématorium… Ces hommes et ces femmes enfermés dans une redingote de bois, sujets de douleurs pour ceux qu'ils aimaient et qui les aimaient, sont dans la main de Dieu. Lentement, je passe devant chacun de ces cercueils. Je récite spontanément les prières : Requiem, « Des profondeurs, je crie vers toi, Seigneur », In paradisum… Notre Père… Je vous salue, Marie ! Même expérience lorsque je vais au cimetière de Mulhouse : non loin se trouve le centre de crémation de nos défunts. Le feu anéantit l'enveloppe charnelle de ces hommes et femmes morts dans une solitude extrême. Leur mère-Église n'a pu se pencher sur eux comme elle le souhaitait, bien qu'elle les accompagne jusque devant les portes de l'Éternité par la prière.

Une première dans l'histoire de l'humanité : il est interdit de dire au revoir à nos défunts ! Il est interdit de leur offrir une toilette digne que Jésus lui-même a sans doute faite à la mort de Joseph ! Il était interdit d'être là à l'heure de la solitude suprême. Cette honte pèsera longtemps sur l'humanité ; seul l'engagement des aumôniers, des infirmières, des soignants la recouvrira avec le temps ! « Pitié, Seigneur, car nous avons péché ! » Je rejoins la révolte de Marie de Hennezel exprimée avec talent dans son livre *L'Adieu interdit.* Mais il est trop tard. La folie hygiéniste étend ses tentacules sur notre pays. La peur a eu raison de l'humain. Les mourants sont condamnés à affronter la mort dans la solitude, sans leur famille, sans un ultime adieu. « C'est la première fois, écrit Marie de Hennezel, qu'une décision sanitaire et politique empêche un être humain d'accompagner un proche mourant dans les derniers instants de sa vie. La première fois que l'on interdit de « constater la mort », de voir le visage du mourant, de rendre hommage au défunt, de se réunir pour ses funérailles. » Qui assurera les angoisses et les grands malaises parmi les survivants qui sont interdits d'approcher les morts ? Qui soignera les culpabilités d'avoir laissé mourir un proche seul ? La même Église qui s'est montrée hygiéniste, qui a accepté d'être éloignée pour un temps de la pastorale en milieu hospitalier, qui a refusé l'entrée des cercueils dans une église, doit retrouver sa vocation d'hôpital de campagne pour prendre soin de ceux qui s'enfonceront dans le regret, voire la dépression. Je le souhaite et l'espère, par respect pour Jésus et par amitié pour les membres souffrants de son peuple.

Dans cette gestion calamiteuse de la dernière étape sur la terre des vivants, je rencontre les enfants et petits-enfants d'Angelo et Denise. À huit jours d'intervalle, j'ai enterré ces deux parents, victimes de la Covid. Lors de l'enterrement d'Angelo, leurs enfants avaient pris soin d'emmitoufler leur maman déjà souffrante et de lui offrir la participation à l'adieu de son mari au cimetière. Nous étions proches de la fête de Pâques. La foi en la résurrection du Christ, enracinée dans le cœur de ces fidèles, leur permet de vivre sereinement cet au-revoir. Je revois Denise, blême, me faire signe de la main : je comprends cet Adieu comme le dernier qu'elle puisse m'offrir en ce monde. À son tour, elle le quitte sereinement. Au soir de ses obsèques, conscient du poids de la peine des siens, je leur propose de célébrer la messe. Une nouvelle fois je brave l'interdit. Mais l'espérance offerte par Jésus demeure l'unique secours pour vivre cette heure de double séparation. À l'autel de la Vierge, la messe est dite une nouvelle fois, et la paix gagne les cœurs meurtris. « Je vous laisse la paix, je vous donne ma paix ! » « La miséricorde ne peut être une parenthèse dans la vie de l'Église. Elle en constitue l'existence même, qui rend manifeste et tangible la vérité profonde de l'Évangile » affirme le pape François dès le début de sa lettre apostolique Misera et misericordes du 20 novembre 2016. Il y rappelle que l'Évangile ne met pas au centre « la loi ni la justice de la loi, mais l'amour de Dieu qui sait lire dans le cœur de chacun, pour en saisir le désir le plus caché, et qui doit avoir le primat sur tout ».

Pas vraiment catholique !

Habitué des messes du samedi soir, un couple de personnes âgées a disparu des radars de la vie de la paroisse lorsque l'interdiction de célébrer la messe a été décidée par le gouvernement. Je ne les rencontre plus nulle part ; ils ont déserté l'église même pour leur prière personnelle quotidienne. Je profite d'un passage dans leur quartier pour les saluer et prendre de leurs nouvelles. La joie de nous revoir est palpable et une coupe de champagne célèbre cette visite. Madame, toujours aussi dynamique et digne. Monsieur affaibli par la maladie rampante qui fait planer sur lui le risque d'une hospitalisation. Au fil de la discussion, j'évoque leur vie de prière et je propose de leur porter la communion. « Ne vous donnez pas tant de peine pour nous apporter le bon Dieu, Monsieur le curé.

– Pensez-vous ! Il m'est tout à fait naturel de vous le proposer. Et si vous le souhaitiez, je pourrais vous donner l'onction des malades en raison de votre vulnérabilité liée à l'âge.

– Très bien, Monsieur le curé ! me dit la dame. Vous envisagez de revenir quand ?

– Demain. Et je viendrai avec Jésus pour que vous puissiez communier.

– Ce n'est pas nécessaire, me répond Monsieur. Nous communions tous les jours. En suivant la messe sur KTO et le dimanche au Jour du Seigneur, nous déposons un morceau de pain pour chacun devant l'écran ainsi qu'un verre de vin. Ainsi, au moment de la consécration, notre pain et vin deviennent le Corps et le Sang du Christ. Je donne alors la communion à ma femme et elle me la donne à moi ».

Je leur explique que pour que la consécration soit effective, il faut que le célébrant puisse voir les oblats et savoir qu'il les consacre. Leur pain reste donc du pain et leur vin, du vin. « Vous êtes certain de ce que vous nous dites ? » « Ah, même plus que certain ». Je profite de la situation pour éclairer leur intelligence eucharistique. Ils sont de bonne foi et pieux, ils vivent leur messe dans un réel recueillement et dans un esprit d'adoration, mais ils se trompent sur un aspect essentiel de leur vie de foi. Jésus est bien présent au milieu d'eux puisqu'ils se rassemblent devant la télévision en son nom, mais ni le pain ni le vin ne deviennent nourriture pour la vie éternelle. Cette méconnaissance – dans une génération qui a encore bénéficié d'un catéchisme bien structuré, entendu des homélies, peut-être même suivi des conférences – est inquiétante. L'enseignement de l'Église n'a pas pris racine, malgré leur amour réel de Jésus. Je crains que cette période de la Covid conduise bien des gens à des comportements si originaux dans la pratique eucharistique que l'art de vivre et de célébrer ensemble la messe demeureront accidentés encore de longs mois…

Et que penser de cette dame qui avait envoyé une douzaine d'hosties consacrées à sa filleule sous enveloppe, par la poste, pour qu'elle puisse communier durant la crise sanitaire ? Sur le plan thérapeutique, on parle de Covid long ; sur le plan de la pratique de la foi, la même expression semble de mise.

ÉLÉMENTS D'UNE VIE CHRÉTIENNE AUTHENTIQUE

L'expérience inédite de la pandémie a permis de mesurer la solidité de certaines dimensions de la vie chrétienne. Elles traversent le temps de l'épreuve et permettent à des membres de notre communauté chrétienne de vivre l'Évangile au quotidien. Ainsi la prière personnelle, la visite au Saint-Sacrement, la confession, la prière en famille dont celle du chapelet, l'attention aux voisins ou à des connaissances vulnérables continuent d'être pratiquées. Certes, leur énumération n'est pas exhaustive, mais ce sont bien ces moyens qui me sont régulièrement partagés lors de contacts avec des gens de passage à l'église. Je me demande si ces éléments de la vie pastorale ne sont pas les pistes d'avenir pour asseoir un modèle pastoral post-pandémie. Dans tous les cas, il est bon de les avoir présents à l'esprit dès maintenant. Je remercie celles et ceux qui me font part simplement de leur praxis en cette période de confinement.

Un temps sans messe mais pas sans communion

Durant cette période, Crispin, Félicité, Julien et Sébastien - de jeunes adultes – se proposent pour assurer via internet la diffusion de la messe quotidienne que je célébrais... Je n'y suis pas favorable. J'estime qu'il y a suffisamment de propositions pour suivre la messe grâce aux moyens de communication modernes. Il est heureux pour les malades de s'unir à la messe télévisée. Bernadette Soubirous vivait l'Eucharistie depuis son lit de malade. Elle avait agrafé sur la tenture qui couvrait son lit une image d'un prêtre au moment de la consécration. Elle aimait la fixer et elle s'associait spontanément à la messe qui était célébrée à ce moment-là, quelque part dans le monde.

L'Église est un hôpital de campagne où le contact avec les malades doit être réel, pas virtuel. Par ailleurs, aussi important que soit le ministère du prêtre – il agit au nom et à la place du Christ, tête –, il ne serait pas profitable pour la communauté de se centrer uniquement sur ce que fait Monsieur le curé. Il nous revient, en ce temps et chacun dans son contexte particulier, de ne pas oublier d'être avant tout des disciples fidèles au Christ Jésus. S'il nous est impossible de participer temporairement à la messe – elle demeure source et sommet de la vie chrétienne – nous ne sommes nullement dispensés de vivre l'Évangile en nous réconciliant avec Dieu et les autres, en écoutant et célébrant la Parole de Dieu. Je suis étonné de constater que certains des fidèles de la paroisse se sentent perdus et désemparés de ne pas pouvoir participer à la messe. Mais nul ne les empêche pourtant de vivre leur vie chrétienne en lui donnant une expression publique. Certes, en cas d'urgence, je préside la messe mais sans volonté de braver les lois de la République en célébrant comme si de rien n'était. Le pape François lui-même nous demande la prudence et l'obéissance aux dispositions visant à combattre la pandémie. Lui-même a célébré Noël en l'absence de fidèles, donnant un signe de sa volonté de ne pas mettre la vie d'autrui en danger. Être chrétien, c'est aussi savoir renoncer à ses droits pour le bien de tous, c'est même accepter de ne pas pouvoir se réunir pour célébrer l'Eucharistie. Mais le paradoxe est là, on a aussi besoin de la messe pour trouver le courage d'aider en ce moment les isolés, encourager les proches, soutenir les personnes âgées coincées dans leurs Ehpad... C'est pourquoi, la possibilité de communier est offerte presque chaque jour en l'église Saint-Étienne, dans le respect des normes sanitaires. « Donnez-leur vous-même à manger » disait Jésus à ses apôtres en voyant cette foule affamée venir à lui.

Nourriture pour l'homme pécheur

En l'an 304, l'empereur Dioclétien interdit aux chrétiens, sous peine de mort, de posséder les Écritures, de se réunir le dimanche pour célébrer l'Eucharistie et de construire des lieux pour leurs assemblées. Á Abitène, petite localité de la Tunisie actuelle, quarante-neuf chrétiens furent surpris un dimanche tandis que, réunis dans la maison d'Octave Félix, ils célébraient l'Eucharistie. Arrêtés, ils furent conduits à Carthage, pour être interrogés par le proconsul Anulinus. La réponse qu'Eméritus a donnée au proconsul, qui lui demandait pourquoi ils avaient transgressé l'ordre de l'empereur, est significative : « Sine dominico non possumus » sans nous réunir en assemblée le dimanche, pour célébrer l'Eucharistie, nous ne pouvons pas vivre. » Nous manquerions de forces pour affronter les difficultés quotidiennes et ne pas succomber. Après des tortures atroces, les quarante-neuf martyrs d'Abitène furent tués.

Durant le confinement, j'ai mesuré la faim de l'Eucharistie chez bien des gens. Ainsi, Luigi. Il habite avec sa mère. Serveur dans un bistrot, il est au repos forcé. Ses « amis » sont adeptes de drogues douces… Conscient qu'il risque de dépenser inutilement son argent tout en soutenant l'économie souterraine de la mort bien présente à Mulhouse comme dans toutes les grandes villes, il vient discuter souvent à l'église : « C'est bien que l'église soit ouverte. Au moins je peux aller prier et discuter avec un prêtre ». Il craint sa faiblesse ; il ne veut pas chuter. Fréquemment, dans la discussion, il murmure : « Jésus, aide-moi ! Ne me laisse pas tomber ». Son secours est dans le Nom du Seigneur. Son âme a soif du Dieu vivant. Je ne peux m'empêcher de penser au psaume 62 : « Mon âme a soif du Dieu vivant… après toi languit ma chair, terre aride, altérée, sans eau. » Luigi veut cette union au Christ Sauveur pour résister au péché et à l'attrait du mal. L'hôpital de campagne : lieu où la cause du mal est prise en compte, lieu d'écoute, lieu de soutien. Telle est l'Église à la suite de Jésus. Heureuse Église, vrai Corps du Christ Sauveur !

L'Évangile révélé aux pauvres de cœur

Seul le contact réel et fréquent des fidèles avec le vrai Corps de Jésus scelle l'unité d'une communauté chrétienne. Je vois de mes yeux cette même réalité vécue par ces familles entières qui entraient à l'église. Lorsqu'elles s'avancent pour un temps d'adoration ou pour communier, je reconnais en elles la 'petite' Église, l'Église domestique, qui rejoint la 'grande' Église. Je reste persuadé que l'avenir de notre paroisse passe par la vitalité des Églises domestiques et par celle du lien personnel à Jésus. La famille a vocation à être la structure permanente de l'Église. Je rends grâce à Dieu pour ces époux qui, privés de la messe, ont pris du temps pour lire un passage d'Évangile, pour partager leur compréhension du texte sacré et pour prier ensemble. Ils ne sont pas la majorité mais ils sont sel de la terre, saveurs d'Évangile… Et que dire de ces grands-parents qui ont initié leurs petits-enfants, privés d'école, à la prière. C'est merveilleux. « Ce que tu as caché aux savants et aux sages, tu l'as révélé aux tout-petits… Oui Père, tu l'as voulu ainsi dans ta bonté ». (Lc 10, 21)

Joie au ciel pour un seul pécheur qui se convertit

Un quinquagénaire prend rendez-vous à l'église pour me parler. Il souhaite se confesser pour pouvoir porter la communion à ses parents âgés. « J'ai tout lâché au moins les vingt dernières années et ce jusqu'il y a quelques jours... En ressentant la sérénité de mes parents devant la Covid alors que moi, j'étais angoissé à mort, j'ai fait un retour sur moi-même, j'ai exploré mes profondeurs... Je me suis dit : « si la foi permet à mes parents de vivre chaque jour dans la paix, c'est qu'elle est un moyen sûr pour assumer ma vie. » Je ne peux pas continuer à vivre en païen, même si je ne fais de mal à personne. J'ai saisi la souffrance de mes parents de ne pouvoir aller à la messe, communier. Ils sont des pratiquants réguliers. Je veux leur offrir la joie de recevoir la communion. Mais comme je ne m'en sens pas le droit étant donné ma vie, je veux d'abord me confesser. » Ensemble, nous célébrons ce sacrement comme un sacrement de joie et celui d'une fête au ciel et sur la terre. Nous le vivons dans cet esprit souhaité par le pape François. Avec mes mots, je lui dis cette conviction du pape : « Ne vous confessez pas comme des personnes châtiées qui doivent s'humilier, mais comme des enfants qui courent pour recevoir l'étreinte du Père. Le Père nous relève dans toutes les situations, il pardonne tous les péchés. Écoutez bien ceci : Dieu pardonne toujours ! Vous comprenez ? Dieu pardonne toujours ! On ne s'adresse pas à un juge pour régler ses comptes, mais à Jésus qui m'aime et me guérit. » (Rencontre avec les jeunes, le 14 septembre 2021, en Slovaquie)

Mon pénitent est heureux. Pour lui, « il y a eu la rencontre avec Dieu qui accueille, embrasse, pardonne et relève. » Mais il reste angoissé de retomber dans les mêmes péchés. J'aimerais tant qu'il s'imprègne des paroles de François qui nous demande de ne pas rester prisonniers de la honte de nos péchés – honte qui « est une bonne chose » – mais de la surmonter, car « Dieu n'a jamais honte de vous. Il vous aime là, là où vous avez honte de vous. Il vous aime toujours. » À celui qui croit que même Dieu ne peut lui pardonner « parce que je retomberai toujours dans les mêmes péchés », François dit : « Quand est-ce que Dieu s'offense ? Quand tu vas lui demander pardon ? Non, jamais. Dieu souffre quand nous pensons qu'il ne peut pas nous pardonner, car c'est comme si nous lui disions : « Tu es faible en amour »... Mais Dieu se réjouit de nous pardonner, à chaque fois. Lorsqu'il nous relève, il croit en nous comme il l'a fait la première fois, il ne se décourage pas. C'est nous qui sommes découragés, pas Lui. Il ne voit pas de pécheurs à étiqueter, mais des enfants à aimer. Il ne voit pas de mauvaises personnes, mais des enfants bien-aimés ; peut-être blessés, et alors il a encore plus de compassion et de tendresse. Et chaque fois que nous nous confessons – ne l'oubliez jamais – c'est la fête au ciel. Qu'il en soit de même sur terre. »

De la honte à la célébration, de l'humiliation à la joie. Le père attend toujours anxieusement le retour de son fils pécheur, il scrute continuellement l'horizon. Avant même que le fils prodigue ait le temps de s'humilier, détaillant toutes ses fautes, il l'embrasse, le soulève et fait la fête avec lui et pour lui. Mon pénitent s'en souvient puisqu'il revient me voir régulièrement pour célébrer le sacrement du pardon. « Heureux l'homme dont la faute est enlevée et le péché pardonné. » (Psaume 31, 1)

Des protestataires à côté de leurs pompes

Devant de tels miracles de la foi, je peine à me contenir le jour où un collectif décide de manifester devant l'église Saint-Étienne pour la liberté de culte. Car dorénavant, la messe peut être célébrée, mais une jauge de cinquante personnes maximum doit être respectée. Le samedi soir, après la messe, je reçois donc la visite de deux jeunes. Ils m'annoncent tout de go qu'une protestation aura lieu le lendemain devant l'église pour obtenir la liberté de culte. Mon sang ne fait qu'un tour. Ils ne sont pas de la paroisse ; ils ont fait un certain nombre de kilomètres pour organiser cette foire. Je leur fais part de mon étonnement. Leurs arguments entendus sur la place publique peuvent laisser penser que l'Église vit une nouvelle persécution.

Je devine une instrumentalisation politique d'une situation certes critiquable. Á ma question : « Qu'est la messe pour vous, pour que vous souhaitiez manifester pour elle ? », je n'ai droit qu'à quelques balbutiements, ni théologiques, ni catéchétiques. Je pense qu'ils ne savent pas combien le mystère de la foi est grand et beau. Je le leur fais remarquer. Á la question : « Mais si la messe vous manque tant, lorsqu'elle était célébrée avant la Covid, y alliez-vous tous les dimanches ? » Le silence était l'expression du « non » embêté de protestataires en herbe… « Quand la présence à la messe sera à nouveau possible pour tous ceux qui le veulent, viendrez-vous tous les dimanches ? Entraînerez-vous vos amis manifestants avec vous ? » Même silence gêné et sincère.

Le lendemain, je reviens du déjeuner à la sous-préfecture. Monsieur le sous-préfet m'a recommandé de demeurer calme et de ne pas jouer à Don Camillo avec les gens qui peuvent se rassembler devant l'église. Les gendarmes sont là, discrets. Sur le perron de l'église, une poignée de gens. Parmi eux, quelques paroissiens, deux confrères et une toute petite poignée d'inconnus. Oh ! Il n'y avait pas de quoi s'inquiéter... Aussi, je les salue individuellement. Pour leur signifier que la liberté de culte n'est pas vraiment en jeu, je leur propose de se confesser et de célébrer la messe pour eux, en suggérant que la prière pourrait être plus efficace que leur sitting devant la maison du Seigneur ! Mes propos tombent à plat... Personne ne veut la messe ! Il y a deux confessions et une âme se détache du groupe pour prier le chemin de croix... Leur combat d'arrière-garde a au moins le mérite de resserrer les liens entre eux. Mais je trouve que c'est le seul aspect de ce non-événement qu'il convient de saluer. En effet, je considère l'expérimentation de l'aspect fraternel dans nos rapports interpersonnels comme une excellente thérapie promue par l'hôpital de campagne.

Fraternité bienheureuse

Alors que l'angoisse des gens est palpable, favoriser une ambiance fraternelle et sereine devient une mission pour beaucoup de gens. Elle passe par le dialogue. Qu'il soit établi par l'intermédiaire des médias ou en mode présentiel, l'essentiel est cet amour-charité pour l'autre. L'attention respectueuse à sa personne dans le refus de toute confrontation rugueuse, voire méchante, transforme bien des énergies dans les familles ou cercles d'amis. Ainsi, Marc et Yvette, mariés depuis une vingtaine d'années, ont-ils mis à profit des temps d'échanges pour aborder des questions éthiques et de foi, pour mieux se comprendre et pour les approfondir. L'une ou l'autre fois, ils associent leurs enfants à leur conversation en cherchant à éveiller leur esprit à des réalités qu'ils ne connaissent pas encore. Que Dieu en soit loué !

Marie-Laure, qui avait perdu son mari deux ans auparavant, sert l'une ou l'autre fois du café dans la cage d'escalier, entre voisins, dans le respect des mesures sanitaires. Elle veille à garder le lien entre les choristes de la paroisse. Pour elle, la communion n'est pas un vain mot mais bien une réalité voulue par Jésus.

Y compris à l'église, je me réjouis de la saine inquiétude qu'expriment les uns pour les autres : « Monsieur le curé, que devient tel ou tel ? Avez-vous des nouvelles ? Leur numéro de téléphone ? » La communion se vit dans nos paroisses.

En paraphrasant saint Jean, je dirais volontiers : « Je suis le disciple qui témoigne de ces choses et qui les a écrites, et son témoignage est conforme à la réalité. Jésus a fait encore bien d'autres choses : si on les écrivait, le monde entier ne pourrait contenir les livres qu'on écrirait. » J'ose rêver… Et si toutes les intuitions pastorales mises en valeur durant la pandémie devenaient, par la force de l'Esprit Saint, le levain dans la pâte pour le pain des lendemains, ce serait merveilleux ! « Pourquoi en douter, homme de peu de foi ? »

L'employé des pompes funèbres

Aujourd'hui 6 avril 2020, au cimetière Nord de Mulhouse, une quinzaine de tombes sont prêtes à accueillir la dépouille mortelle d'un père, d'un frère, d'une mère, d'une personne sans famille. Les tombeaux sont vides… Image de la résurrection à venir. Deux jours après, la terre recouvrira les cercueils. Sur certaines tombes se dressera la croix, signe du baptême chrétien. Quelques rares fleurs diront l'affection de ceux qui n'ont pas pu venir au cimetière, s'excusant de ne pas aller au bout de la relation avec l'un des leurs, par précaution ou par peur.

Certes, l'un ou l'autre employé des pompes funèbres me dit que même lorsqu'il n'y a personne à l'inhumation, ni ami ni prêtre ni famille, il prie un « Notre Père » et un « Je vous salue, Marie ». « Mon Père, je ne vais pas à la messe du dimanche… J'y vais à Pâques et à Noël, et bien sûr aux enterrements. Mais je ne supporte pas de voir disparaître le défunt sans l'accompagner d'une prière… Je ne comprends pas. Alors, au lieu de juger ceux qui ont abandonné leur papa ou leur maman quand ils sont morts, je prie. J'étais même un jour en colère. J'avais connu la personne qui était dans le cercueil… Après l'enterrement, je suis allé voir son fils, un ami d'enfance, pensant qu'il était malade. Il était au meilleur de sa forme. J'aurais pu lui casser la figure lorsqu'il m'a dit : « Alors, tout s'est bien passé ? » Il attend encore ma réponse aujourd'hui. Mais à quoi bon rajouter de la violence à un drame mondial ? »

Dans le contexte de la pandémie et des mesures gouvernementales et ecclésiales, effectivement, cela n'a aucun sens. « Heureux les artisans de paix, ils seront appelés fils de Dieu. » Cet employé des pompes funèbres est lui aussi fils de Dieu. Qu'il en éprouve le bonheur ! Le pape François n'a pas oublié les employés des pompes funèbres dans sa prière. Maintenant que le nombre de morts liés à la Covid décroît, faisons nôtre l'intercession du pape exprimée le 20 mai 2020 lors de sa messe quotidienne : « Prions aujourd'hui pour les personnes qui s'occupent d'ensevelir les morts en cette période de pandémie. C'est une des œuvres de miséricorde que d'ensevelir les morts et ce n'est pas agréable, naturellement. Prions pour ceux qui risquent aussi leur vie et d'être contaminés. »

Face à ma mort

Je me rends facilement dans les deux cimetières de Mulhouse y prier pour les défunts, en particulier ceux qui sont déposés sans « les honneurs de la sépulture chrétienne » comme on disait jadis. Devant les nouvelles tombes, j'envisage déjà ma propre mort. Je ne sais comment j'affronterai la souffrance et la mort. Mais si elle devait intervenir maintenant, par ma foi, je l'entrevois sans crainte. Soyons clair : je ne la désire pas et ne la recherche pas. Mais si elle se présentait, je l'accueillerais en toute confiance puisque, selon le mot de sainte Bernadette de Lourdes « Ce n'est pas la mort qui me prend, c'est le bon Dieu qui vient me chercher. » Certes, j'ai droit à des remontrances de quelques personnes qui pensent que je provoque la maladie en m'approchant des défunts. Or aucun n'a jamais postillonné ! Des médecins m'affirment qu'un mort couché dans son cercueil ne peut me contaminer. Je considère que la meilleure façon de me préparer à la vie éternelle est de vivre la vie aussi pleinement que possible maintenant, avec la plus grande générosité et pourquoi pas, avec plaisir. Nous n'avons pas besoin d'avoir peur de la mort. « Mamama » disait qu'il était inutile d'avoir peur de la mort puisque même les dames âgées réussissaient à mourir… Ce n'est pas un exploit !

Certaines pages de l'Évangile nous invitent à la confiance totale à l'heure de la mort. Dans son testament, Paul VI synthétise l'expérience croyante de cette heure où nous paraîtrons devant le Seigneur.

« Je fixe mon regard avec une humble et sereine confiance vers le mystère de la mort et de ce qui l'accompagne dans la lumière du Christ qui seul l'illumine. Je ressens la vérité de ce mystère qui, pour moi, s'est toujours réfléchi sur ma vie présente, et je bénis le vainqueur de la mort qui en a chassé les ténèbres et révélé la lumière.

Donc en face de la mort et du total et définitif détachement de la vie présente, j'éprouve le devoir de célébrer le don, le bonheur, la beauté, la destinée de cette fugace existence elle-même : Seigneur, je Te remercie de m'avoir appelé à la vie, et encore plus de ce que, en me faisant chrétien, Tu m'as régénéré et destiné à la plénitude de la vie.

Je ressens également le devoir de remercier et de bénir ceux qui de Toi, ô Seigneur, m'ont transmis les dons de la vie : qui m'ont introduit dans la vie (oh ! que soient bénis mes très dignes parents !), ceux qui m'ont donné l'éducation, qui m'ont aimé, aidé, obligé, entouré de bons exemples, de soins, d'affection, de confiance, de bonté, de courtoisie, d'amitié, de fidélité, de respect.

Je considère avec reconnaissance les rapports naturels et spirituels qui ont donné naissance, soins, réconfort, sens à mon humble existence : que de dons, que de choses belles et élevées, combien d'espérances j'ai reçu en ce monde ! Maintenant que la journée est à son déclin, et que tout finit et se dissipe de cette merveilleuse et dramatique scène temporelle et terrestre, après le don de la vie naturelle, comment Te remercier encore, ô Seigneur, de la faveur supérieure de la foi et de la grâce en laquelle à la fin se réfugie uniquement ce qui de mon être survit ? Comment célébrer dignement ta bonté, ô Seigneur, d'avoir dès mon entrée en ce monde été introduit dans la vie ineffable de l'Église ? D'avoir été appelé et invité au sacerdoce du Christ ? D'avoir eu la joie et la mission de servir les âmes, les frères, les jeunes, les pauvres, le peuple de Dieu, et d'avoir eu l'honneur immérité d'être ministre de la Sainte-Église, à Rome spécialement, près du Pape, puis à Milan comme archevêque, sur la chaire, trop haute pour moi et très vénérable des saints Ambroise et Charles, et enfin sur celle de saint Pierre, suprême, formidable et très sainte ? In aeternum Domini misericordias cantabo.

Que soient salués et bénis tous ceux que j'ai rencontrés au long de mon pèlerinage terrestre [...] Ma pensée se tourne vers le passé et s'élargit aux alentours ; je sais très bien que cet adieu ne serait pas heureux si je ne me souvenais du pardon à demander à tous ceux que j'aurais offensé, que je n'aurais pas servis, pas assez aimés ; et du pardon également que certains pourraient désirer de moi. Que la paix du Seigneur soit avec nous.

Et je sens que l'Église m'entoure : ô sainte Église, une, catholique et apostolique, avec mon salut qui te bénit, reçois mon suprême acte d'amour. [...]

Devant vous qui m'avez entouré de plus près, je professe solennellement notre Foi, je proclame notre Espérance, je célèbre la Charité qui ne meurt pas, j'accepte humblement de la divine volonté, la mort qui m'est destinée, j'invoque la grande miséricorde du Seigneur, j'implore la clémente intercession de la Très Sainte Vierge Marie, des Anges et des Saints, et je recommande mon âme aux prières des bons. En ce qui concerne les funérailles : qu'elles soient pieuses et simples. La tombe : j'aimerais qu'elle soit dans de la vraie terre, avec une humble indication qui signale l'emplacement et invite à la piété chrétienne.

Je ferme les yeux sur cette terre douloureuse, dramatique et magnifique, en appelant encore une fois sur elle la Bonté divine. [...] À l'Église, à l'Église catholique bien-aimée, à l'humanité tout entière, ma bénédiction apostolique. »

La mort en face

Le pape François invite les fidèles du Christ à ne pas craindre la mort. Avec une pointe d'humour fine qui le caractérise, il a conscience que le fait d'aborder la fin de chacun puisse gâcher la journée de certains parce qu'« on n'aime pas penser à ces choses » ou se rendre compte que « quand l'un de nous sera parti, les années passeront et après tant de temps, presque personne ne se souviendra de nous ». Mais « c'est la vérité. C'est ce que l'Église nous dit : nous aurons tous une fin ». Cette réalité commune à tous « nous oblige à penser à ce que nous laissons, quelle est la trace qu'a laissée notre vie ». Il en est question dans le livre de l'Apocalypse (14, 14-19), dans lequel on parle de « moisson, de vendange, de récolte », mais aussi de « preuve de la qualité du blé, du raisin ». C'est-à-dire qu'« après la fin, il y aura le jugement. Nous serons tous jugés, chacun de nous sera jugé. C'est pourquoi cela nous fera du bien de penser : "Mais comment sera le jour où je serai devant Jésus ?", quand le Seigneur me demandera compte des talents qu'il m'a donnés ou comment a été mon cœur quand le grain est tombé ? En rappelant les paraboles du royaume de Dieu, le pape suggère quelques questions à se poser : « Comment ai-je reçu la Parole ? Avec un cœur ouvert ? L'ai-je faite germer pour le bien de tous ou en cachette ? ». Un examen de conscience utile et juste car « nous serons tous jugés ».

Dans l'Évangile, tiré d'un passage de Luc (25, 5-11), se trouvent des conseils à ce propos. C'est Jésus lui-même qui les donne, en exhortant : « Ne vous laissez pas tromper ! ». À quelle tromperie se réfère-t-il ? C'est « la tromperie de l'aliénation, de l'éloignement », la tromperie qui fait que « je suis distrait, je ne pense pas, et je vis comme si je ne devais jamais mourir ». Mais « quand viendra le Seigneur, qui viendra comme la foudre, comment me trouvera-t-il ? En attente ou au milieu de tant d'aliénations de la vie, trompé par les choses qui sont superficielles, qui n'ont pas de transcendance ? » Nous sommes donc face à un véritable « appel du Seigneur à penser sérieusement à la fin : sur ma fin, sur le jugement, sur mon jugement ». Voilà pourquoi, « aujourd'hui, il nous fera du bien de penser à cela : comment sera ma fin ? Que se passera-t-il quand je me retrouverai face au Seigneur ? » Et pour répondre à ceux qui pourraient avoir peur ou être tristes face à cette réflexion, le pape a rappelé le passage du chant de l'Évangile repris par l'Apocalypse (2, 10) : « Sois fidèle jusqu'à la mort – dit le Seigneur – et je te donnerai la couronne de la vie ». Voilà la solution à nos peurs : « la fidélité au Seigneur : et cela ne déçoit pas ». Et le jour du jugement, « nous regarderons le Seigneur » et nous pourrons dire : « Seigneur, j'ai tant péché, mais je me suis efforcé d'être fidèle ». Et comme le Seigneur est bon, nous n'aurons pas peur.

Oui, nous n'aurons pas peur parce que Marie, non seulement priera pour nous, mais elle sera là, à nos côtés. Et comme disait le père Jérôme, trappiste : « Marie nous tient la main. Pensez-vous un instant qu'à l'heure de notre mort, elle la lâcherait ? Et si nous, nous lâchions sa main, ce serait pour nous accrocher au pan de son manteau. Et quand on se réveillera en voyant la Sainte Vierge, nous rirons. Nous rirons comme un enfant parce que, par les soins de Marie, nous aurons tout réussi. ».

Remercier

Au moment où j'écris ces lignes, je découvre la lettre que le frère Hugues-François Rovarino a adressée aux pèlerins du Rosaire. Il avait vécu une « hospitalisation sévère : cinq semaines d'urgence-réa (novembre-décembre 2020), sédations, dix jours de pneumologie, longue convalescence avec rééducations diverses (musculaire, respiratoire, orthophonique) sur sept mois au moins (car il s'y ajoute un peu de neurologie : soucis de concentration, rééducation là aussi...). De la Toussaint 2020 à l'Assomption 2021, quel parcours !

Je me souviens d'un passage à l'église d'un jeune homme. Il ressemblait à un ami d'enfance : Francis. Aussi, puisque j'ignore son nom, je l'appelle ainsi. Il était essoufflé, amaigri mais rayonnant. « Je sors de l'hôpital… J'y étais pendant plus de deux mois. J'ai remercié les infirmières. Maintenant, je veux remercier Celui qui m'a donné de bons soignants. Pour moi, ils furent mes anges gardiens. Jésus me les a envoyés pour me guérir. Alors je vais allumer une bougie pour lui dire merci. » Je lui suggère de la déposer chez sainte Thérèse ou chez saint Antoine. Il insiste pour l'allumer devant Jésus. Je l'oriente vers la monumentale représentation de la sainte Cène. « Non, je voudrais l'allumer devant Jésus ! Là-bas… » Il me montre le tabernacle. D'un pas lent et encore avec une respiration courte, il se rend jusque devant le tabernacle et, avec recueillement, il la pose de côté en répétant « Merci ! Merci, Jésus ! Merci, Jésus ! » Il fait un genre de génuflexion avant de se signer… Passant devant la Vierge et l'enfant : « Merci, sainte Vierge ! Merci, sainte Vierge… » Il quitte l'église à la manière du samaritain guéri de la lèpre. J'ose croire que non seulement il était sur la voie de la guérison mais encore, sur la voie du salut. Jésus est sensible à tout geste de reconnaissance. Il n'a pas refusé le parfum de la pécheresse ; il a agréé l'hommage du samaritain qui revint sur ses pas parce que purifié de sa lèpre. Le pape François, partant de l'évangile du lépreux guéri, nous livre l'exhortation suivante : « Si nous pouvons comprendre que tout est don de Dieu, quel bonheur dans notre cœur ! » Tout est donné par lui. Il est notre force ! Dire merci est si facile, et pourtant si difficile ! Combien de fois nous disons-nous « merci » en famille ? C'est un des mots-clés de la vie en commun. « Vous permettez ? », « excusez-moi », « merci » : si, dans une famille, on se dit ces trois mots, la famille progresse. Combien de fois disons-nous « merci » à celui qui nous aide, nous est proche, nous accompagne dans la vie ? Souvent nous tenons tout pour acquis ! Et cela arrive aussi avec Dieu. C'est facile d'aller chez le Seigneur demander quelque chose, mais aller le remercier : « Bah, je n'y pense pas »…

C'est toujours et en tout lieu qu'il nous revient de rendre grâce au Seigneur, de demeurer dans l'admiration des grandes choses que le Seigneur fait dans la petitesse de nos vies. Le Magnificat, à l'heure des vêpres, est un moment clef de la journée. Avec les paroles de Marie, nous lui disons merci et nous l'admirons pour ce qu'il a fait « en faveur d'Abraham et de sa race à jamais ». Nous entrerons au ciel si nous acceptons d'être émerveillés des actions que le Seigneur aura réalisées dans notre vie et dans celle des autres, et sans mérite de notre part. Francis, dans sa démarche, accepte joyeusement que son être soit un don. Il assume sa vie comme une grâce reçue de Dieu. Il est un de ces saints de la porte d'à côté dont nous parle le pape François dans son exhortation apostolique Gaudete et exsultate. Je partage son affirmation délivrée lors de l'audience générale du 30 décembre 2020 : « Vivre est tout d'abord avoir reçu » et « si nous sommes portés à la gratitude, le monde devient lui aussi meilleur. »

L'infirmière : sur le front… puis sur la touche

Francis venait donc remercier le Seigneur pour ses anges gardiens : le personnel soignant. Je ne sais si les applaudissements qui, chaque soir en période de Covid, crépitent sur les balcons constituent un réel encouragement pour ces hommes et ces femmes. À défaut de pouvoir guérir, ils soignent tout en s'usant. Les responsables politiques de tout bord soulignent leur engagement… et leur promettent une amélioration de leurs conditions de travail qui resteront toujours difficiles. Certains d'entre eux viennent prier à l'église… Aujourd'hui, une infirmière est suspendue de ses responsabilités tout simplement parce qu'elle refuse la vaccination. « Je n'en veux pas à ceux qui me prennent le pain de la bouche. Mais durant toute la période aigüe où j'étais sur le pont, personne ne m'a demandé si j'étais vaccinée ou pas, si j'allais bien ou pas. Chaque jour, nous étions soumis à la prise de température. Au début, on manquait de masques, de blouses. Le danger rôdait et aujourd'hui, alors que les tests demeurent négatifs, on m'a prié de rester à la maison. ». Je reçois ce témoignage alors que je suis déjà parti au couvent d'Oberbronn comme aumônier. Cette femme d'une cinquantaine d'années me raconte son travail harassant auprès des malades tout en précisant : « Je ne regrette rien, je ne pouvais faire plus pour les malades, mes collègues. Combien de fois, en rentrant, j'ai pleuré dans les bras de mon mari, épuisée, pensant à la solitude des malades, des mourants, de leurs familles. J'allumais une bougie sur la table où nous prenions la tisane du soir, à côté d'une petite statue de la Vierge que la famille d'un garçon que je soignais m'a offerte pour me remercier. Je ne suis pas une bonne pratiquante mais j'essaye de faire de mon mieux ».

Faire de son mieux. Ne jamais donner moins que soi-même. L'amour jusqu'au bout. Cette femme est juste aux yeux de Dieu. Lors de la journée internationale de l'infirmière, le 12 mai 2020, François les a remerciées pour leur « témoignage de courage et de sacrifice » qu'elles donnent à tous chaque jour. Avec la pandémie de coronavirus, le monde a « redécouvert combien la figure de l'infirmière, mais aussi celle de la sage-femme, jouent un rôle d'importance fondamentale ». Par leur profession, les infirmiers et sages-femmes sont des « saints de la porte d'à côté », et « l'image de l'Église "hôpital de campagne" ». Pour lui, ils sont de « bons samaritains qui assument la vie et les blessures du prochain ». Il a souligné leur « rôle essentiel », que ce soit dans le soin aux patients, l'activité d'urgence territoriale, la prévention des maladies, la promotion de la santé, ou l'assistance dans le domaine familial, communautaire ou scolaire.

Les infirmières et infirmiers « méritent d'être mieux valorisés et impliqués dans les processus qui concernent la santé des personnes et de la communauté », a plaidé le pape. Leur mission, « constamment illuminée par la relation humaine et humanisante avec le malade » est une preuve que les métiers médicaux ne se réduisent pas « aux connaissances scientifico-techniques ». L'Église catholique confie les infirmières et infirmiers à plusieurs saints patrons : tout d'abord à la sainte patronne des infirmières, sainte Catherine de Sienne, mais aussi à celui des hôpitaux et des infirmières, saint Camille de Lellis et, enfin à sainte Élisabeth Seton, patronne des infirmiers et des aidants naturels. Personnellement, je les confie à la bienheureuse Mère Alphonse-Marie, fondatrice des sœurs du Très-Saint-Sauveur. Au XIXe siècle, elle a été la pionnière des soins à domicile. Son enseignement donnait un zèle ardent aux sœurs qui l'avaient rejointe : « Mes enfants, notre vocation nous appelle auprès des malades ; portons-nous avec ardeur au lit sur lequel gisent leurs douleurs. Demandons à Dieu chaque jour qu'il nous anime d'un saint zèle pour l'accomplissement de si importants devoirs : zèle qui repousse toute crainte, tout respect humain, lorsqu'il s'agit du salut du prochain. Riches ou pauvres, personnes distinguées ou obscures, que nous importe ! Des fatigues, des dégoûts nous attendent ; que rien ne nous effraie, mes enfants, que rien ne nous trouble, que rien ne nous décourage. »

Je demande à cette infirmière, de passage dans les murs du couvent lors de la fête du patrimoine, si elle est découragée dans sa situation actuelle. « Oui, oui, mais pas par les malades, ni par les conditions de travail difficiles, mais par la décision du gouvernement de me suspendre parce que je refuse le vaccin. Croyez-vous qu'il était normal et louable de griller les étapes réglementaires d'obtention d'AMM en nous faisant admettre un peu de casse pour le bien de tous – alors que c'est précisément ce qui est reproché au Pr Raoult avec l'hydroxy-chloroquine, une molécule ayant pourtant fait ses preuves depuis plus de soixante-dix ans ?... Est-ce que votre évêque, qui fustige les gens qui ne se font pas vacciner, peut m'assurer que les trois produits-clés intégrés dans les vaccins ARN qui sont la protéine Spike, l'oxyde de graphène, l'hydrogel Darpa sont sans conséquences à court et moyen termes sur la santé ? Nous n'avons aucun recul… Mon Père, croyez-moi, ce n'est que le principe de précaution qui m'empêche de recevoir le vaccin. Le jour où les vaccins traditionnels (à virus atténué) et ayant terminé toutes leurs phases expérimentales seront disponibles, je n'hésiterai pas un instant de me faire vacciner. Je ne suis pas une complotiste délirante. Je suis simplement une femme prudente. L'Archevêque est en droit d'affirmer ne reconnaître « aucune légitimité aux arguments qui prétendent se dispenser de la vaccination au nom d'un hypothétique danger pour la santé. Vouloir se soustraire à la vaccination s'apparente à un comportement « démissionnaire » écrit-il. Mais je suis aussi en droit de ne pas souscrire à de tels propos. J'ai peut-être une légitimité qu'il n'a pas. Celle d'avoir été au chevet des malades et des mourants alors que probablement, il ne visitait même pas ses prêtres malades… » Dont acte. Je me suis gardé d'entrer dans cette querelle. J'ai reconnu simplement la souffrance de cette soignante désormais éloignée pour un temps de sa profession.

Coopération transfrontalière

Fallait-il aller jusque-là ? L'histoire nous le dira. J'espère simplement qu'avec le temps les décisionnaires d'aujourd'hui ne seront pas les accusés de demain. Je ne pense pas que les valses-hésitations du gouvernement méritent d'être raillées. Elles ont donné lieu à des erreurs, à des contre-ordres et même à du désordre. Je crains que l'impréparation liée aux circonstances a mené certains responsables politiques à prendre des positions qui demain seront sujets à procès... Responsables mais pas coupables ? Je le pense, car personne ne pouvait prévoir non seulement la pandémie mais encore son évolution. Toutefois, sans chercher à dédouaner le Président de la République, je reconnais qu'il a eu un comportement digne de la condition humaine.

Il s'était engagé à ce que les armées apportent leur concours pour déplacer les malades des régions les plus affectées et ainsi réduire la congestion des hôpitaux de certains territoires. Cela fut le cas en premier lieu à Mulhouse, et des vies furent ainsi sauvées. Rapidement, Brigitte Klinkert, alors Présidente du Conseil départemental du Haut-Rhin puis ministre du gouvernement Castex, dans un réflexe européen, eut l'idée d'une coopération sanitaire avec nos voisins allemands et suisses. Elle les appela à l'aide. Quelques heures plus tard, des hôpitaux du Bade-Wurtemberg et des cantons suisses voisins étaient mobilisés. Malgré les frontières fermées, des malades alsaciens de la Covid en réanimation allaient pouvoir y être transférés. Il fallait agir vite. Il en allait de la vie. Mais c'était sans compter sur une intervention malintentionnée qui mit un coup d'arrêt momentané à cette nouvelle et belle dimension de la coopération transfrontalière. Un homme bien connu à Mulhouse faillit être victime de ce contretemps. Sportif, il était rôdé à l'effort physique. Terrassé par la Covid, il s'approchait inexorablement de la mort. Aucune minute ne devait être perdue. C'est alors que la jalousie politicienne frappa ; le transfert n'était plus possible... Que faire ? Prendre acte d'un coup bas ? Ou vaincre la bêtise humaine ? Brigitte Klinkert avait pour mot d'ordre durant cette crise : « Aide-toi, le ciel t'aidera ». Elle intervint immédiatement auprès de la Préfecture de Région, de Matignon et jusqu'à l'Élysée pour relancer les transferts... Grâce à son opiniâtreté, dès le lendemain, le transport des malades vers l'Allemagne et la Suisse reprit. « Dis seulement une parole et je serai guéri ». Aujourd'hui le premier transféré a retrouvé sa joie de vivre, au milieu des siens. Il est profondément reconnaissant à ceux qui ont veillé à ce qu'il continue sa vie terrestre. Oui, la coopération transfrontalière a sauvé une vie. Elle vaut plus que tout l'or du monde. Elle a du prix aux yeux de Dieu. De nombreuses vies ont pu être sauvées ainsi.

On entend souvent dire que la perfection n'est pas de ce monde. Certes, mais la perfection de Dieu passe par des voies humaines. Il est bon de s'en souvenir pour ne pas sombrer dans le dénigrement systématique de la classe politique, en particulier celle qui assume des responsabilités au plus haut sommet de l'État. Il n'est pas inutile de prier pour les responsables du bien public. J'ai mesuré jour après jour l'investissement des élus de Mulhouse… Michèle Lutz, maire, et Paul Quin, son adjoint chargé de la sécurité, n'ont cessé d'être sur tous les fronts pour alerter, soutenir et encourager leurs administrés, avec une discrétion efficace que le ciel saura bénir. En Alsace-Moselle, la prière concordataire est de mise. Que ses mots nourrissent fréquemment la prière des fidèles : « Dieu qui veille sur notre monde, regarde le pays où tu nous as donné de vivre ; accorde à tous ses habitants de rechercher le bien commun, à ceux qui nous gouvernent de le faire avec sagesse, afin qu'il y ait parmi nous plus de justice et dans le monde entier plus de bonheur et de paix. »

Ne pas déserter la politique

Lors d'une rencontre avec des jeunes, le 20 mai 2021, l'évêque de Rome a déclaré que « l'amour [était] politique ». « La politique est avant tout un service ; elle ne sert pas les ambitions individuelles, les factions dominantes et les intérêts particuliers », avait déjà rappelé le pape François en 2017 dans un message vidéo adressé à des catholiques latino-américains exerçant des responsabilités politiques réunis en congrès à Bogota (Colombie). « Elle n'est pas non plus une "patronne" prétendant réglementer toutes les dimensions de la vie des personnes, y compris de façon autocratique et totalitaire. Le point de référence fondamental de ce service, qui exige de la persévérance, de l'engagement et de l'intelligence, est le bien commun, sans lequel les droits et les aspirations les plus nobles des personnes, des familles et des communautés intermédiaires ne pourraient être pleinement réalisés, car il leur manquerait l'ordre social (spazio ordinato e civile) sans lequel on ne peut vivre et agir. Il est clair que le service ne doit pas être opposé au pouvoir – personne ne veut un pouvoir impuissant ! – mais le pouvoir doit être ordonné au service pour ne pas dégénérer. Autrement dit, tout pouvoir qui n'est pas ordonné au service dégénère. » Il reprenait à son compte la célèbre parole de son prédécesseur Pie XI : « La politique est la forme la plus haute de la charité ». Dans le même ordre d'idées, en novembre 2013, le pape François, s'adressant à des étudiants des universités romaines, les invitait à prendre au sérieux l'engagement politique : « Donne le meilleur : si le Seigneur t'appelle à cette vocation, vas-y, fais de la politique, cela te fera souffrir, peut-être cela te fera-t-il pécher, mais le Seigneur est avec toi. Demande pardon et va de l'avant. »

« Un “catholique” ne peut regarder depuis le balcon ! » Nul doute qu'aux côtés de Louis IX, roi de France, de Robert Schumann et de tant d'autres, brilleront un jour au ciel des hommes et des femmes engagés en politique pour qui nous aurons peut-être voté, que nous aurons combattu… Ils auront tout simplement aimé comme Jésus le demande. Aujourd'hui, ils sont les saints de la porte d'à côté, encore marqués par le péché. Demain, ils seront, par la grâce de Dieu, les intercesseurs pour le monde, cherchant à passer leur « vie au ciel à faire du bien sur la terre ». (Thérèse de l'Enfant-Jésus)

Faire le bien sur la terre… Notre mission à tous. Nombreux sont ceux qui s'engagent par des actes corporels et spirituels de charité : donner à manger, à boire, visiter les malades, accueillir les étrangers, visiter les malades et les gens en prison, vêtir ceux qui sont nus, ensevelir les défunts, conseiller ceux qui sont dans le doute, enseigner les ignorants, avertir les pécheurs, consoler les affligés, pardonner les offenses, supporter patiemment les personnes ennuyeuses, prier Dieu pour les vivants et pour les morts. Cette énumération nous permet de mesurer si nous vivons, oui ou non, comme ses disciples. Il ne suffit pas de dire : « Seigneur, Seigneur, pour entrer dans le Royaume. Il faut faire la volonté du Père. » (Mt 7, 21).

Saints éboueurs

Peu de temps après l'élection du pape François, un certain nombre d'évêques d'une commission se trouvaient à Rome. Ils attendaient le premier d'entre eux, le pape. Il sort de sa résidence Sainte-Marthe au moment même où passent des éboueurs et des balayeurs de la Cité du Vatican. Pendant que les évêques réajustaient calottes et soutanes, François s'était dirigé tout droit sur les employés en charge de la propreté et de l'hygiène et parlait à chacun d'eux. Sa manière de faire a laissé une impression suffisante sur les évêques pour que l'un d'eux m'en parla avec admiration et la mine réjouie. Rafael Tornini, responsable du Service des jardins et de l'environnement du gouvernorat de la Cité du Vatican, explique en quoi consiste le travail des éboueurs du

Vatican dans les pages de L'Osservatore Romano du 16 octobre 2019.

« À trois heures du matin, tous les jeudis, un éboueur du Vatican commence à nettoyer le pavé de la place Saint-Pierre, à l'aide d'une balayeuse automatique, et à vider les 99 paniers. Il est assisté de membres de la gendarmerie et des pompiers du Vatican. En plus de balayer les déchets laissés sur la place Saint-Pierre, toute la surface doit également être lavée et désinfectée, y compris les colonnades, car la veille, le mercredi, avait lieu l'audience générale du pape François en présence de milliers de personnes.

La place Saint-Pierre, surtout après les audiences du mercredi, est une mine de matériaux abandonnés. Un grand nombre d'objets potentiellement dangereux sont bloqués par les détecteurs de métaux placés aux points d'accès : des ciseaux, des couteaux, des bouteilles en verre sont ensuite livrés au Service des jardins et de l'environnement. Au moins une douzaine de sacs en plastique noirs sont remplis.

Deux balayeuses de rue nettoient les pavés de la place Saint-Pierre tous les jours, y compris le lundi de Pâques. Un traitement aux herbicides sur la place est effectué deux fois par an avec 1 400 litres d'eau et 20 litres de produits à faible impact environnemental.

Les autres jours de la semaine, l'éboueur commence sa journée à 6 heures du matin. Outre les deux balayeuses automatiques, le Service est équipé d'un fourgon pour la collecte de papier et de carton.

Chaque jour, cinq travailleurs doivent non seulement collecter les déchets spéciaux provenant des différents bureaux de porte à porte, mais également les trier.

Les mardis et vendredis, des éboueurs arpentent le Vatican pour ramasser le papier et le carton qu'ils amènent à l'écocentre. De même pour les piles usagées, les vieux PC et les liquides utilisés pour développer et imprimer les photos.

Dans les musées du Vatican, une journée est réservée au retrait du plastique utilisé pour la fabrication de petites bouteilles de distributeurs automatiques. Les déchets dangereux de produits chimiques utilisés dans les restaurations sont retirés deux fois par mois.

En outre, les éboueurs passent pour vider les 25 poubelles remplies par les visiteurs des jardins. Mais l'essentiel des déchets provient de débris végétaux : la tonte des pelouses, surtout en été, ce qui se fait une fois par semaine, et la taille des haies et des arbres en hiver. Cela représente environ 400 tonnes de résidus de plantes par an, auxquels s'ajoutent des branches tombées et des décorations florales utilisées lors des célébrations en présence du pape. »

Travail merveilleux et inconnu. Il en est de même de celui accompli à trois reprises par les éboueurs de Mulhouse et par les employés municipaux qui balayent les abords de l'église Saint-Étienne, pratiquement tous les jours, dimanche compris.

Au plus fort de la crise sanitaire, l'un d'entre eux m'adresse un bonjour sonore tout en prenant de mes nouvelles. Je m'approche pour le saluer et le remercier de son attention. « Mais, Monsieur le curé, c'est donc normal que je vous dise bonjour. Avec cette fichue maladie, on ne rencontre plus personne. Même les poubelles publiques sont vides. La vie s'est arrêtée d'une certaine manière. » Il portait des gants. Je n'ai pu m'empêcher de lui saisir la main qu'il m'avait spontanément tendue. « Ça me fait du bien, Monsieur le curé, de vous donner la main. Tenez, prenez du gel. On ne sait jamais. Je ne voudrais quand même pas avoir un curé sur la conscience », me dit-il avec un sourire franc et sincère. Dans la discussion, je sens combien le travail lui pèse parce qu'on fond de lui-même, il a peur. Mais il lui faut travailler pour gagner son pain, nourrir sa famille mais aussi pour que la ville reste propre. « Vous savez, c'est important que tout soit nickel… et beau. » Le sens de la beauté va jusque-là, le sens du bien commun jusque dans la propreté. Cet homme est vrai, tout en ne cachant pas sa peur. Mais elle ne le paralyse pas ! Et si l'appel de Jésus au plus fort de la tempête sur le lac avait trouvé en lui une résonnance particulière lui permettant de surpasser sa peur ? Je lui promets de prier pour lui et les siens. « Oui, Monsieur le curé, priez surtout pour ma femme. Je l'aime et je ne supporterai pas que quelque chose lui arrive. Vous savez, avant de rentrer dans notre appartement, je me change à la cave et me lave avec de l'eau dans laquelle je mets quelques gouttes de javel. Je tiens à la protéger. » Bel exemple d'amour conjugal qui ne passe pas inaperçu aux yeux de Jésus. Il répond à l'appel lancé par le pape François dans son exhortation sur l'appel à la sainteté dans Exultate et Gaudete. *« Pour être saint, il n'est pas nécessaire d'être évêque, prêtre, religieuse ou religieux. Bien des fois, nous sommes tentés de penser que la sainteté n'est réservée qu'à ceux qui ont la possibilité de prendre de la distance par rapport aux occupations ordinaires, afin de consacrer beaucoup de temps à la prière. Il n'en est pas ainsi. Nous sommes tous appelés à être des saints en vivant avec amour et en offrant un témoignage personnel dans nos occupations quotidiennes, là où chacun se trouve. Es-tu une consacrée ou un consacré ? Sois saint en vivant avec joie ton engagement. Es-tu marié ? Sois saint en aimant et en prenant soin de ton époux ou de ton épouse, comme le Christ l'a fait avec l'Église. Es-tu un travailleur ? Sois saint en accomplissant honnêtement et avec compétence ton travail au service de tes frères. Es-tu père, mère, grand-père ou grand-mère ? Sois saint en enseignant avec patience aux enfants à suivre Jésus. As-tu de l'autorité ? Sois saint en luttant pour le bien commun et en renonçant à tes intérêts personnels.* » Ce travailleur répond à plusieurs des critères de la sainteté. Ils lui sont méconnus… Mais Dieu qui voit dans le secret lui revaudra tout le bien ignoré par les usagers des espaces publics nettoyés par ses soins.

Chef d'établissement scolaire

À la lecture du passage ci-avant de l'exhortation du pape, je pense aux efforts déployés par Fabrice Stengel, chef d'établissement scolaire. Les murs de son école touchent ceux du presbytère. Aux jours de classe, le bâtiment blanc devient une véritable ruche. Alors que l'établissement est fermé et que l'équipe de direction se fatigue à mettre en place les cours à distance, il ne ménage pas ses efforts. Je le salue lorsque j'ouvre l'église de bon matin et le croise dans la rue. Il arrive bien avant 8 heures sur son lieu de travail, heureux de continuer à assurer les cours pour les élèves et d'assumer ses responsabilités. Son établissement accueille les élèves du personnel soignant qui ne peuvent être pris en charge différemment. Son seul souci : être au service des jeunes et de leur éducation en accomplissant « dans la société un service d'intérêt général ». Il vit une véritable coopération avec les pouvoirs publics et les autres institutions éducatives. La crise ébranle la vie de la société ; il la subit sans démissionner de ses responsabilités, tout en étant éloigné des siens qu'il retrouve en fin de semaine. Jamais, au long de ces mois douloureux, une critique de qui que ce soit. Au contraire, il chante les mérites de ses collègues enseignants, des parents attentifs à leurs jeunes, et des jeunes au travail… Au moment du baccalauréat, le taux de réussite frisant les 100% fut sa récompense et sa joie. Heureux est-il d'être un véritable éducateur, celui défini par le pape dans son adresse aux participants au congrès mondial de l'Office international de l'Enseignement Catholique, le 8 juin 2019, à New-York : « L'éducateur doit être compétent, qualifié, et en même temps, riche d'humanité, capable d'être au milieu des étudiants pour promouvoir leur croissance humaine et spirituelle. »

La sainteté à portée de main

Avec le pape, « j'aime voir la sainteté dans le patient peuple de Dieu : chez ces parents qui éduquent avec tant d'amour leurs enfants, chez ces hommes et ces femmes qui travaillent pour apporter le pain à la maison, chez les malades, chez les religieuses âgées qui continuent de sourire ». Et déjà, je rends grâce à Dieu pour tant d'hommes et de femmes parvenus à la sainteté. « Dans leur vie, tu nous procures un modèle… Leur exemple nous stimule » (Préface des Saints)

« La sainteté est le visage le plus beau de l'Église » présente à Mulhouse et ailleurs. Je l'ai vue de près dans le peuple de Dieu qui s'est rassemblé par petits groupes à l'église pour un temps de prière. J'ai admiré le plus beau visage de l'Église chez ces parents préoccupés de l'avenir de leurs enfants. J'ai contemplé la gloire de l'Église dans ces hommes et ces femmes qui, tôt le matin, continuaient de travailler pour que nous puissions nous nourrir chaque jour alors que l'économie était presque à l'arrêt. J'ai vu la présence de Dieu en Marcelle et dans ces malades qui ont accepté leur solitude dans un acte d'offrande à Dieu pour que prenne fin la pandémie. J'ai contemplé la sainteté de Dieu dans le visage en paix des sœurs du centre de gérontologie Saint-Damien qui sont demeurées le seul soutien avec le personnel soignant des vieillards et mourants privés de la visite des leurs. J'ai vu le plus beau visage de l'Église dans celui de cet enfant qui, à défaut de pouvoir donner des bonbons à sa mamie à l'occasion de l'anniversaire, les porta à sainte Thérèse de l'Enfant-Jésus. J'ai goûté l'énergie des propos d'André, qu'il accompagnait régulièrement de croissants ou d'une lecture intéressante, pour m'encourager dans mon apostolat aux jours de la Covid. Avec le pape

François, j'ai vu, jour après jour, la sainteté de l'Église militante dans la constance des braves à aller de l'avant chaque jour. La sainteté “de la porte d'à côté”, de ceux qui vivent proches de nous et sont un reflet de la présence de Dieu, ou, pour employer une autre expression, “la classe moyenne de la sainteté”, je l'ai côtoyée avec cette certitude que ni la pandémie, ni la mort n'auraient le dernier mot. J'ai donné, au moment de mon ordination sacerdotale, ma foi au Christ ressuscité. Il est vainqueur du monde !

Vainqueur du monde !

Vainqueur du monde ! Il l'est, même si l'interminable pandémie peut faire douter les meilleurs d'entre nous. Le temps de la Covid, temps de larmes et de tristesse pour beaucoup, d'incertitudes pour tous, mais temps de grâces pour moi. Je me suis senti pleinement prêtre et j'ai exercé ma mission avec une passion toujours renouvelée. Au moment où l'évêque m'avait envoyé à Mulhouse pour y être curé de la paroisse Saint-Étienne et du Sacré-Cœur, je ne comprenais pas la volonté de Dieu. J'ai quitté avec peine le Mont Sainte-Odile où il y avait encore tant de choses à préparer pour le jubilé. Mais la volonté de Dieu était bien réelle dans le choix de mon évêque. Aujourd'hui, j'atteste que le Seigneur m'a planté là, pour marcher en sa présence au milieu d'un peuple éprouvé mais toujours en marche. Quand je regarde ces deux dernières années, j'ai l'impression d'avoir fait œuvre utile en son nom et par amour pour son peuple.

Avec Marie !

J'ai vécu cette période avec foi, compassion et enthousiasme. Je l'ai vécue avec Marie. Elle était près de moi, à chaque instant. En glissant un chapelet ou une médaille miraculeuse entre les mains d'un malade, d'un mourant, d'une personne en peine, je voulais non seulement leur dire que je les confiais à Marie, mais je leur confiais Marie pour ce temps de la traversée de l'épreuve, et bien sûr pour après. Jour après jour, et plusieurs fois durant la journée, et précisément après de nouvelles informations concernant de nouvelles victimes de la Covid ou après avoir vu et rencontré le plus beau visage de l'Église, même ridé par le mal, celui qui resplendit sur le visage de beaucoup de nos proches, je m'agenouillais comme un enfant devant la Vierge à l'enfant, et la priais, la suppliais avec les mots de cette prière antique : « « Sous l'abri de ta miséricorde, nous nous réfugions, sainte Mère de Dieu. Ne méprise pas nos prières quand nous sommes dans l'épreuve, mais de tous les dangers délivre-nous toujours, ô Vierge glorieuse et bénie. » Je la disais aussi pour mes bienfaiteurs, les membres de ma famille que je ne pouvais pas visiter et dont je connaissais l'angoisse née de cette crainte que quelque chose puisse m'arriver… Je la récitais pour Mulhouse et ses habitants, pour tous ceux qui ont été donnés par Jésus à sa mère, à l'heure de la croix.

Comme l'écrit le pape François, « Parler avec elle nous console, nous libère et nous sanctifie. La Mère n'a pas besoin de beaucoup de paroles, elle n'a pas besoin que nous fassions trop d'efforts pour lui expliquer ce qui nous arrive. Il suffit de chuchoter encore et encore : "Je vous salue Marie..." »

Que veut nous dire Marie, quand elle nous sauve du danger ? Benoît XVI a répondu à cette question lors de son pèlerinage au sanctuaire d'Etzelsbach le 23 septembre 2011. *« Marie veut nous aider à comprendre l'étendue et la profondeur de notre vocation chrétienne. Avec une délicatesse maternelle, elle veut nous faire comprendre que toute notre vie doit être une réponse à l'amour riche en miséricorde de notre Dieu. Comme si elle nous disait : comprends que Dieu, source de tout bien, ne veut rien d'autre que ton vrai bonheur ; il est en droit d'exiger de toi une vie qui s'abandonne entièrement et avec joie à sa volonté et qui met tout en œuvre pour que les autres fassent de même. "Là où il y a Dieu, là il y a un avenir" ! En effet : là où nous laissons l'amour de Dieu agir totalement sur et dans notre vie, là, le ciel est ouvert, là, il est possible de modeler le présent de façon à correspondre toujours davantage à la Bonne Nouvelle de Notre Seigneur Jésus-Christ. Là, les petites choses de la vie quotidienne prennent sens, et là, les grands problèmes trouvent leur solution.*

Avec cette certitude, nous invoquons Marie. Avec cette certitude, nous croyons en Jésus Christ, notre Seigneur et Dieu. »

***

Notre Église, hôpital de campagne, est une maternité où la grâce de Dieu accouche de saints et de saintes. Marie en est la reine. Elle est la sainte parmi les saints, la plus bénie, celle qui nous montre le chemin de la sainteté et qui nous accompagne. Elle n'accepte pas que nous restions à terre et parfois elle nous porte dans ses bras sans nous juger. Elle aussi intervient en notre faveur dans cet hôpital de campagne pour adoucir nos douleurs, soigner nos plaies tout en veillant sur nous, en priant pour nous maintenant et à l'heure de notre mort.

Lecteur, elle prie pour toi… pour t'aider à découvrir en toi le beau visage de l'Église, celui de la sainteté !

Table des matières

Retrouvez notre catalogue et notre actualité
sur www.editionsdelalicorne.com

Achevé d'imprimer en septembre 2023
sur les presses de l'imprimerie Print Team
30 900 Nîmes